THINK EDIT

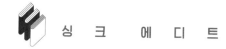

싱 크 에 디 트

THINK EDIT

편집 사고로
아이디어를 비즈니스로 바꾸는 기술

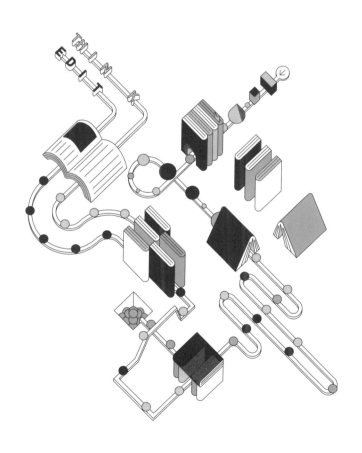

BM (주)도서출판 성안당

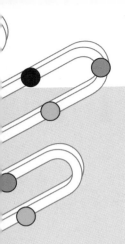

프롤로그

저는 약 30년 전에 잡지 편집 디자이너로 시작해서, 지금은 디자인적인 관점으로 기업 브랜딩이나 상품 및 사업 개발을 지원하는 일을 하고 있습니다.

잡지 편집 디자이너로 일할 때 잡지 특집 기획 중 개발의 초기 단계, 즉 아이디어 창출 단계에서 클라이언트와 함께하는 경우가 많았는데 이는 디자인 이전 단계로 사업의 본질적인 가치를 찾아내는 일이었습니다. 현재도 초기 아이디어 회의에 자주 참여하고 있으며, 한 가지 내세울 만한 점은 지금까지 아이디어가 떠오르지 않아 힘들었던 적이 한 번도 없었다는 것입니다.

예전에 어떤 클라이언트는 이 말을 듣고 "그렇게 아이디어가 넘친다면 다음에는 반드시 멋진 제안을 받을 수 있겠군요"라며 빈정거리기도 했지만 제 말은 결코 허세가 아니었습니다. 지금까지 저는 신규 브랜드 런칭, 백화점 매장 컨설팅, 쇼핑센터 콘셉트 메이킹, 화장품 브랜딩, 도서관 리뉴얼 작업 등 각각 다른 분야에서 다양한 사업 아이디어를 제안해 왔습니다.

사실 몇 가지 요령만 알면 아이디어는 얼마든지 자연스럽게 뽑아낼 수 있습니다. 쉽게 말해 생각을 억누르는 힘을 없애고 상상력을 발산시키는 것이지요. 예를 들어 어떤 스포츠 경기에서 반드시 이기기 위해 긴장한 나머지 반대로 힘이 들어가 경기를 망친 장면을 떠올려 보십시오. 아마 직접 경험하신 분도 있을 것입니다. 다시 말해 무슨 일이든 '여유'가 중요하며, 그것이 앞에서 말한 억누르는 힘을 제어하여 유연한 사고를 이끌어내는 방법입니다.

신규 사업을 어떻게 시작해야 하는가, 기존에 경영해오던 것을 어떻게 혁신해야 하는가 등 여러 비즈니스 현장에서 새로운 아이디어가 요구되고 있습니다. 그리고 이와 같은 요구에 대응할 수 있는 논리적인 사고, 디자인 사고Design Thinking 등 기술 혁신에 필요한 사고법을 소개하는 비즈니스 책이 많이 출간되었습니다.

저는 기술 혁신을 만들어내는 방법에 관한 다양한 서적을 읽고, 디자인 사고에 관한 강의를 들으며 관련 워크숍에도 참석했습니다. 그러나 이렇게 익힌 방법은 실제 브랜딩이나 신규 사업 개발 현장에서 거의 사용되지 않았고, 저 뿐만 아니라 그 방법을 활용하는 다른 사람도 보지 못했습니다. 저는 그 이유를 '여유가 없는 일본인이 기술 혁신 창출 방법을 활용하는 데 어려움을 느끼기 때문이 아닐까?'라고 생각했습니다.

지금까지 약 30년에 걸쳐 만 권 정도의 잡지를 만들었습니다. 잡지를 편집하는 현장에서는 많은 사람들이 여유를 즐기면서 아이디어를 떠올리며 그 생각을 활용해 세상에 영향을 미치는 큰 기획들을 만들어갑니다. 저 또한 현장에서 쌓은 노하우를 활용해 새로운 브랜드, 서비스, 신상품 등을 만들어냈고 이들 대부분 롱셀러가 되었습니다. 동료 중에는 잡지 제작에서 얻은 아이디어 창출 노하우를 새로운 사업 기획에 접목시켜 성공한 사람도 많습니다.

저는 잡지 '편집'을 통한 아이디어 창출이야말로 현재 여러 가지 이유로 침체된 비즈니스를 활성화하는 데 도움이 될 수 있다고 생각했고, 여기서 '편집 사고'가 지금까지의 논리적 사고나 디자인 사고와 어떻게 다른가에 대한 의문을 갖게 됐습니다. 이 책은 이러한 의문에서 집필하기 시작했으며, 책 전반에 걸쳐 기술 혁신Innovation 창출 방법을 정리했습니다.

다시 말해 이미 존재하는 정보를 편집하면서 사업의 본질적인 가치와 공략해야 할 목표를 찾아내고, 그것을 새로운 아이디어로 연결한 후 창조적인 전략을 세우는 흐름으로 엮었습니다. 이를 위해 새로운 비즈니스 자체를 편집하는 방법에 대해 알고 있던 노하우를 책 한 권에 꾹꾹 눌러 담았습니다. 이 책이 침체된 사업을 활성화하는 데 활용될 수 있기를 진심으로 바랍니다.

편집 아트 디렉터 **노구치 타카히토**野口孝仁

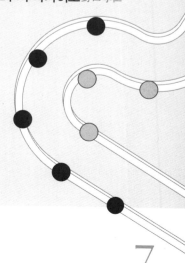

Contents

THIN K
EDIT

THINK EDIT

CHAPTER 1

CHAPTER 1
비즈니스를
편집하다

디자인 사고의 한계

제품을 리뉴얼하고 새로운 사업을 시작하며 지금까지 없었던 브랜드
나 서비스를 만들어내는 등의 뭔가 새로운 일을 할 경우 반드시 새로
운 아이디어가 필요하다.

이를 위한 브레인스토밍의 수단으로 최근 디자인 사고Design
Thinking*가 주목받고 있다. 디자인 사고는 크게 두 가지 구조로 되어
있다. 먼저 고객을 관찰하여 그 사람의 입장이 되어 숨어 있던 요구
를 드러내는 것Insight과 그 아이디어를 가급적 빨리 구체적인 형태로
만든 후 반복해서 검증하는 것Prototyping이다.

예전에 스탠퍼드 대학에서 제창된 디자인 사고 방법에 대 한 강의
를 들으며 디자인 사고 자체가 매우 세련된 아이디어 창조 방법이라

---

*역자 주 디자이너가 활용하는 창의적이고 전략적인 생각을 말한다. 최근 이러한 사고방식은 경영 및
사회적 문제 해결 솔루션 등에 적용되고 있다.

고 생각했다. 그러나 통찰력insight을 얻기 위한 단계에서 각각의 틀에 규정된 프로세스가 너무 복잡했고, 새로운 아이디어를 얻기 위해 각 프로세스를 수행하는 것만으로도 지쳐버렸다.

일본에 적합한 편집 사고 스타일

디자인 사고의 기본은 인간 중심Human-centric 사상이다. '인간 중심 설계'라고 번역되는 경우도 많은데, 이는 본래 사용하는 사람의 기분을 가장 중요하게 생각하며 아이디어를 만들어낸다는 의미다. 그러나 최근의 디자인 사고는 미리 준비된 프로세스를 완수하는 것을 우선으로 하기 때문에 과연 사람의 기분을 파악하고 접목할 수 있을지 의문이 들었다.

물론 특정 과정을 거치면 고객의 심리를 효율적으로 이해할 수 있을지도 모른다. 하지만 프로세스를 완수하면서 자동으로 만들어진 아이디어가 정말 독창적인 아이디어일지, 고객의 흥미나 중요도에 근거해 강력한 매력을 가질 수 있을지는 의문이었다.

여기서 핵심은 주어진 과정을 수행하는 것이 아니라 매력적인 아이디어를 만들어내는 것이다. 훌륭한 아이디어를 떠올리기 위해서는 뇌가 편안하거나 즐거운 상태가 되어야 하는데, 디자인 사고는 프로세스를 우선으로 하기 때문에 아이디어를 만들어내는 사람의 기분을 고려하지 않는 방법으로 인식되고 있다. 특히 성실한 사람의 경우, 디자인 사고의 복잡한 프로세스를 제대로 소화해내지 않으면 안 된다고 생각해 기를 쓰고 노력하는 사람이 많은데, 이러한 상황에서 유연한 사고 모드로 전환하는 것은 쉽지 않다. 또한 내성적이고 타인에게 마음을 열기 어려워하는 사람은 팀별 활동에서 팀 내 인터뷰나 논의가 활성화되지 않는 경우도 많다. 이러한 사람이 매력적인 아이디어를 내기 위해서는 디자인 사고를 그대로 활용하는 것이 아니라 자신에게 맞는 스타일로 바꿀 필요가 있다.

항상 새로운 것이 요구되는 일본의 비즈니스 관습, 일본인의 성격과 생각에 맞춰 혁신을 창출하는 방법을 찾다가 발견한 것이 잡지의 '편집 기법'이었다. 이것은 항상 새로운 것을 기획하기 위해 잡지의 편집자나 아트 디렉터가 실시하는 편집적 접근에서의 발상 기술이다.

이 책에서는 잡지 만들기의 노하우를 모든 분야의 비즈니스에서 혁신을 일으킬 수 있는 형태로 일반화 및 체계화하여 소개한다.

구체적으로 소개하기 전에 '편집 사고'의 기초가 되는 잡지가 어떻게 만들어지는지부터 간단히 살펴본다. 그리고 그 노하우를 어떻게 흡수했고, 브랜드 제작이나 신규 사업 개발에 어떻게 접목시켰는지에 대해서도 설명한다.

스토리가 감동을 준다

디지털 시대인 21세기에도 일본에는 엄청나게 많은 종류의 '잡지'라는 종이 매체가 존재한다. 예전에는 그 종류가 더 많았고, 각 잡지사의 편집부에서는 유연한 아이디어를 내기 위한 고유의 분위기가 있었다. 그리고 그 분위기가 편집부의 문화를 만들고 독자적인 편집 방침을 낳았으며, 그 방침을 좋아하는 열성적인 독자들을 모았다. 모든 편집부에는 공통된 경향이 있었는데, 바로 '발로 뛰어서 정보를 얻는다'는 것이다.

30년 전쯤 신입 디자이너로 근무했던 곳은 매거진하우스출판사에서 출간하는 『뽀빠이POPEYE』라는 잡지의 편집부였다. 그 당시는 지금보다 경기가 좋았고, 잡지에 투입할 수 있는 예산이나 인원에 여유가 있었다. 예를 들어 '뉴욕'이 특집 주제로 결정되면 몇천만 엔 정도의 예산이 책정됐고, 맨해튼의 구석구석을 빠짐없이 조사하기 위해 몇 개의 팀이 파견되었다.

사전에 면밀한 조사가 이뤄진 경우에는 담당 편집자 한 명과 카메라맨 등 최소한의 팀으로도 현장 취재를 통해 특집을 만들 수 있었다. 인터넷이 발달한 요즘은 정보를 더 효율적으로 수집할 수 있다. 그런데도 군이 비용과 인력을 들여 현장을 고집하면서 버티는 이유는 노력하지 않으면 스토리가 있는 정보를 만들어낼 수 없기 때문이다.

사전 조사 내용을 근거로 일하는 것은 결국 기존 정보를 상당 부분 그대로 받아들여 작업하게 되므로 그 정보에는 놀라움이나 감동이 담길 수 없다. 즉, 스토리를 만들 수 없다. 그러나 발로 뛰어 취재하면, 예를 들어 지금까지 알려지지 않은 카페를 발견할 수도 있고 우연히 멋진 예술가와 만날 수도 있으며 작은 옷가게의 현지 정보를 얻을 수도 있어 정보량과 신선도에서 확실히 차이가 날 수밖에 없다.

게다가 발로 뛰어 얻은 정보에는 새로운 발견이나 깨달음뿐 아니라 정보를 얻기까지의 스토리가 더해진다. 취재차 힘들게 돌아다니다가 우연히 들른 한 카페에서 어디서도 맛보지 못한 맛있는 주스나 아이스커피를 마셨다면 그 가게에 대한 감동과 호감도가 달라지면서 그 정보를 전하는 기사에도 무게가 실릴 것이다. 또 쓸쓸한 거리를 걷다가 무심코 어느 건물 안을 들여다봤는데 그곳이 강렬한 미술작품을 제작하는 현장이었다면 그 감동을 전하는 사람도 자신이 본 것을 생생하게 전달하기 위해 아이디어를 쥐어짤 것이다. 즉, 만남을 통한 감동이 정보에 스토리를 부여함으로써 콘텐츠가 갖는 감동의 질이 현격하게 바뀐다.

이를 초밥집에 적용해 설명하면, 초밥집은 재료의 산지, 신선도, 기름 온도, 데코레이션에 따라 사전 준비 방식이나 조리법을 신중하게 바꾸는데, 이처럼 음식을 먹는 순간 최고의 맛을 느낄 수 있는 방법을 제공하여 음식에서 감동을 이끌어낸다.

결국 배경에 얼마나 많은 정보가 있는지, 어떤 스토리가 있는지에 따라 독자가 받는 감동과 그에 깃든 가치가 크게 달라진다는 사실을 잡지를 만드는 편집 현장에서 배웠다.

항상 새로운 시점을 찾다

그 당시 잡지 『뽀빠이』 편집부에는 다양한 인재들이 모여 있었다. 디자이너의 경우 원래 화가나 일러스트레이터를 꿈꾸던 사람이 많았고, 모든 사람이 각각 독자적 세계관이나 시점을 갖고 있었기 때문에 완성된 결과물들은 개성이 강했다. 편집자도 원래 작가 지망생이었거나 학생 때부터 편집부에 드나들다가 프리랜서 편집자가 된 사람이 많았다. 즉, 자신의 흥미를 따라가다 보니 어느새 편집자가 되어 있었던 것이다. 이들은 문학이나 예술, 스포츠, 패션, 여행 등과 같은 분야에 조예가 깊었고, 일을 너무 좋아한 나머지 예산을 생각하지 않고 취재하거나 스케줄까지 무시하고 일하는 경우도 많았다. 반면에 잡지를 반드시 많이 팔아야 한다는 생각으로 일하는 사람은 적었던 것 같다. 물론 여기에는 단점도 있었지만 그 다양성 덕분에 독자들이 잡지를 보고 설렐 수 있었다고 생각한다.

제작에 참여했던 특집 중 '줄서기 특집'은 지금도 기억이 생생하다. 이 특집을 담당한 편집자는 회사에 소속된 직원은 아니었는데 그가 내놓은 기획은 조금 특이했다. 사실 그 당시 '줄서기'라고 했을 때 바로 생각난 것은 점심시간에 자주 가는 맛집 앞 줄이나, 입고 즉시 품절되는 인기 있는 운동화 등이었고, 비슷한 의미로 '유행'이라는 단어를 떠올릴 수 있었다.

그런데 그때 그가 거론했던 것은 '재판 방청'이었다. 물론 뉴스에서 화제가 된 사건은 방청권 추첨을 위한 줄이 만들어지기도 한다. 그러나 그것을 『뽀빠이』에서, 게다가 '줄서기 특집'이라는 맥락에서 다룬다고 생각한 발상의 유연함이 놀라웠다. 제작 과정도 재미있었다. 줄서기 특집에서 사용한 삽화의 경우 TV 뉴스에서는 촬영할 수 없는 재판 과정의 모습을 삽화 전문가에게 요청하였고, 그 결과 그림만으로도 특집의 현장감을 살릴 수 있었다.

'줄서기'라는 말을 들었을 때 당연히 맛집을 떠올렸던 필자에게 그 편집자 시점에서 느낀 흥미는 충격적이었고, 이로 인해 무엇이든 더 자유롭게 생각해도 된다는 사고방식을 갖게 되었다. 그 후 잡지를 디자인할 때든, 브랜딩을 실시할 때든, 기업과 함께 사업을 개발할 때든 항상 이 새로운 관점New Perspective을 염두에 두고 일했는데, 이러한 태도는 재판 방청을 기획한 그 편집자에게 배운 것이었다.

또한 항상 하던 일에도 새로운 시점과 발견할 만한 무언가가 있다는 것은 당시 『뽀빠이』가 가진 매력이었다. '줄서기'라는 말에서 다양한 주제를 떠올릴 수 있었던 것처럼 말이다. 브랜드는 항상 새로운 관점을 받아들이며 매너리즘에 빠지지 않고 신선함을 유지해야 오랫동안 사랑받을 수 있는 존재다. 거기에 사람들의 기대에 부응하면서

18

놀랄 만한 요소나 의외의 부분을 더하면 더욱 더 주목받을 수 있다. 그리고 그 변화로 인해 항상 하던 일도 생동감을 얻게 된다. 이러한 사실을 알게 되었을 때 마치 브랜드 제작의 진수를 깨달은 느낌을 받았다. 다양한 아이디어를 허용하고 주류가 아닌 부분에 초점을 맞춰 제작한 것은 잡지 『뽀빠이』를 유일한 존재로 만든 요소였으며, 그 당시의 모든 잡지가 가졌던 매력이었다고 생각한다.

에피소드의 힘

『뽀빠이』와 관련된 에피소드 중 아직도 생생하게 기억나는 이야기가 있어 소개한다. 언젠가 이탈리아에서 들여온 가마로 피자를 굽는 화덕 피자 전문점이 도쿄에 처음 등장했을 때 이곳을 잡지에 소개하면 좋을 것 같아 잡지 편집을 위해 편집자와 디자인에 대해 협의하는 시간을 가졌다. 편집자는 '가마 한쪽에 장작을 넣고, 피자는 반대쪽에서 돌리며 구워낸다'와 같은 취재하면서 들었던 상세한 정보들을 그대로 전해주었다.

사실 가마 속 피자 위치 같은 정보는 잡지 디자인과 그다지 관계가 없다. 그러나 지금까지 이런 오래 전 이야기를 기억하고 있는 것은 담당 편집자가 이야기를 전해주면서 강한 감동도 함께 주었기 때문이라고 생각한다.

예를 들어 프랑스 여행 중 단지 유명하다는 이유로 루브르 박물관에 가서 모나리자 그림을 본 경험과 여행 도중 우연히 다빈치의 다른 그림을 보고 감동받은 경험이 있다면 여행에서 돌아와 친구에게 열성적으로 이야기할 그림은 과연 어느 쪽일까? 그리고 그 이야기를 들은 친구는 어느 쪽 그림에 더 흥미를 느낄까?

감동은 사람들의 마음에 '에피소드'를 머무르게 하고 기억에 저장시키며, 그러한 에피소드의 집합체가 결과적으로 상품과 브랜드에 '스토리'를 더해 매력을 배가시킨다. 그리고 이것을 기반으로 아이디어를 확장시켜 새로운 무언가를 탄생시키기도 한다. 사업 아이디어를 발견하기 위해 편집 사고를 실행할 때도 이 에피소드를 많이 모으는 것이 중요하다. 예를 들어 다른 사람이나 기업이 찾지 못한 아이디어를 떠올리고 싶을 때 에피소드를 기반으로 하면 효과를 높일 수 있다.

일본 기업의 경우 대부분 효율화나 데이터에 근거한 마케팅에서는 뛰어난 힘을 발휘하지만 개성은 부족한 편이다. 경기가 호황이었을 때는 모든 결과를 숫자로만 판단해도 괜찮았지만 지금은 상황이 바뀌었다.

현재 세계 정상급 기업들, 예를 들면 애플이나 구글, 아마존, 페이스북 등은 모두 유일한 가치를 만들었다는 공통점을 갖고 있다. 즉, 완전히 새로운 가치관이나 그 기업만의 개성을 만들어낸 것이다. 그러나 안타깝게도 대부분의 일본 기업들은 아직까지 자신만의 개성을 이끌어내지 못하고 있다. 모든 것이 상품화되는 현대 사회에서 기업이 성공하려면 사람을 끌어당기는 무언가를 반드시 찾아서 만들어내야 한다.

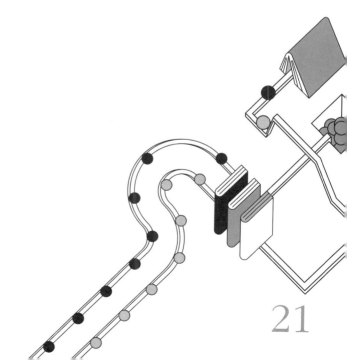

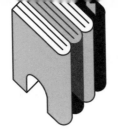

새로운 것에는 개성이 있다

필자는 약 30년 동안 디자이너로 일하면서 1만 권 이상의 잡지 제작에 참여했다. 상업 잡지로는 『뽀빠이』, 『GQ』, 『마리끌레르』, 『STUDIO VOICE』, 『도쿄 캘린더』, 『하퍼스 바자』, 『엘르』, 『MilK JAPON』, 『FRaU』, 『닛케이 비즈니스』, 『닛케이 비즈니스 어소시에』, 『미술 수첩』, 『LIVING DESIGN』, 『주거 설계』, 『GINZA For Men』, 『레타스클럽 lettuceclub』, 『MEN'S CLUB』 등이 있다. 또한 JAL의 기내 잡지나 ANA 회원지, 카드 회사의 회원지, 백화점 정보지 등도 만들었다. 이처럼 많은 잡지를 만들어본 아트 디렉터는 나밖에 없을 것이라 생각된다.

이처럼 많은 잡지를 만들며 개성의 중요성을 알게 됐고, 다양한 잡지의 아트 디렉션을 실행하면서 계속 개성을 실현하기 위해 노력해 왔다. 그중 기억에 남는 몇 가지 잡지 기획이 있어 소개한다.

사업을 '인격'으로 여긴다

이야기를 시작하기 전에 먼저 잡지 디자인이 어떻게 이루어지는지부터 간단히 살펴보자. 잡지 디자인에는 크게 3가지 방식이 있다. 『뽀빠이』의 경우 회사 내에 디자인 팀이 있었으며 거기서 디자인을 모두 담당했는데, 이 방식은 편집 내용과 디자인의 방향성을 맞추는 데 적합하다.

그러나 대부분의 출판사에서는 편집부와 외부 디자인 업체가 함께 잡지를 제작한다. 이는 다시 두 가지 방식으로 나뉘는데, 하나는 외부의 디자인 업체 한 군데가 한 권의 잡지를 통째로 담당하는 방식이고, 다른 하나는 여러 디자인 업체가 각각 몇 페이지씩 맡아서 디자인하는 방식이다.

필자가 다니던 회사는 잡지 한 권을 통째로 맡아서 디자인하는 쪽이었는데, 이는 잡지의 세계관을 잘 나타낼 수 있기 때문이었다. 그렇다고 페이지를 나눠 여러 회사에서 디자인하는 방식을 부정하는 것은 아니다. 오히려 다양한 개성이 독자의 흥미를 더 유발시킬 수도 있다고 생각한다. 단지 영화나 소설처럼 잡지 속에 하나의 세계관을 만들고 싶었을 뿐이었다. 현재는 브랜딩 작업도 많이 담당하고 있는데, 그 바탕에는 이와 같은 생각이 들어 있다.

한 마리의 쥐 캐릭터가 동료나 연인을 만들고 거리를 형성하며

'디즈니'라는 세계가 탄생한 것처럼 기업의 서비스나 브랜드도 '인격=세계관'이라는 인식을 확실히 하는 것이 중요하다고 생각한다.

잡지를 어떤 분위기와 단어로 표현할지, 성격이나 취미, 기호 등은 어떻게 나타낼지 등을 상세하게 정해서 '인물상'을 설정한 후 잡지 제작에 도전한다. 이는 기업이나 서비스를 나타내는 데에도 적합하다. 비즈니스에 인격을 부여하면 인기를 얻는 방법이나 상대와 연결하는 방법, 개성을 나타내는 방법에 차이가 생긴다.

아트 디렉터로서 잡지의 개성이나 세계관을 처음으로 하나하나 만들어본 것은 『LIVING DESIGN』이라는 생활 잡지를 맡았을 때였다. 편집부는 신주쿠 LIVING DESIGN 센터의 OZONE이라는 시설에 위치해 있었다. 이곳은 건축가와 집을 짓고 싶은 사람의 만남을 주선하는 장소였고, 집에 필요한 배수 설비와 가구, 커튼 등의 다양한 매장이 입점해 있는 곳이기도 했다. 지금도 인기 있는 브랜드가 한데 모여 다양한 생활용품을 같이 소개하고 있다. 잡지도 그러한 사업의 일환이었다.

이때 완전히 새로운 방식으로 잡지 제작을 시도했는데, 우선 편집 기획을 제안할 의향으로 편집회의에 빠지지 않고 출석했다. 편집부와 편집 기획에 대해 다 같이 의견을 나누며 사진작가 등 외주 작업자를 섭외하거나 현장 촬영 및 취재 시에도 편집부 직원과 함께 했다. 그뿐 아니라 인쇄 회사와 종이를 선택하고 잡지 제작에 대해 설계하며, 광고 및 제휴 아이디어나 판매 방식 등을 결정하는 데 이르기까지 가급적 모든 단계에서 잡지의 세계관을 이해하고 만들어내기 위해 노력했다.

편집회의 시 기획 단계부터 참여한 결과, 예전부터 갖고 있던 잡지에 대한 의문들과 근본적이고도 진솔하게 맞닥뜨릴 수 있었다. 예를 들어 '월간지는 왜 12권이어야 할까', '흥미로운 정보가 없을 때는 쉬어도 되지 않을까', '종이나 판형은 매호 같아야 할까', '판매처는 서점밖에 없을까' 등 잡지의 기본적인 사항에 대해 편집장에게 물어봤고, '패션 사진작가가 상품이나 요리를 찍어줄 수는 없을까', '유명한 사진작가가 생필품을 찍어줄 수는 없을까' 등 사진과 관련된 질문도 할 수 있었다. 그 밖에도 '잡지 표지 광고를 연간 계약으로 판매할 수 없을까', '다른 잡지와 콘텐츠를 맞교환할 수 없을까', '페이지가 표시된 부분을 광고로 만들 수 없을까', '목차가 꼭 필요할까', '경품을 주는 것은 어떨까' 등에 대해서도 물어보았다.

항상 의심하고 유연하게 만들기

이처럼 계속 의문을 던지다가 실제로 제작된 기획들도 있었다. 그 중 하나는 공예 특집에서 공예품을 제작하는 장인에게 초점을 맞추기로 결정한 편집회의에서 나왔다. 공예 장인들은 대부분 평범한 아저씨인 경우가 많다. 일반적으로 인물을 중심으로 기사를 작성할 때는 인물 사진을 찍어서 게재한다. 그러나 '과연 독자가 아저씨 얼굴을 보고 싶어 할까'라는 의문이 들었고, 독자가 정말 알고 싶어 할 정보에 대해 고민했다. 결국 독자들은 장인의 경험과 작품 세계에 대한 이야기를 비롯해 장인이 보유하고 있는 기술 등이 궁금할 것이라는 생각이 들었다. 그리고 이러한 내용을 가장 잘 표현할 수 있는 사진이 무엇인지 고민하다가 장인의 '얼굴'보다는 '손'이 더 적절하다는 결론에 이르렀고, 한 페이지 가득 장인의 손이 나오도록 촬영할 것을 제안했다.

대부분의 잡지에서는 장인의 얼굴 사진과 프로필, 완성된 작품, 완성에 이르기까지의 공정 등을 정보로 제공한다. 그러나 다른 잡지들과 똑같이 만든다면 이 잡지만의 개성을 돋보이게 할 수 없다고 판단했다. 장인의 손을 보면 두껍고 깊은 주름과 함께 작품 제작의 흔적이 새겨져 있었다. 그것을 강조하기 위해 흑백 사진을 제안했고, 결과적으로 잡지 전체를 흑백으로 만들기 위해 종이와 잉크도 검은색이 더 강하게 나타나게 바꾸는 것으로 의견을 전달했다. 그렇게 해서 광고 외에는 전부 흑백인 잡지가 완성됐다.

『LIVING DESIGN』에서 가장 큰 규모로 제안했던 것은 1년에 한 번 해외 특집 진행에 관한 것이었다. 생활정보지로서 독자에게 해외의 생활 및 디자인 정보를 전달할 필요가 있다고 생각했기 때문이다. 그러나 규모가 작은 편집부의 경우 해외 특집에 대한 노하우가 전무하다시피 한 상태였다. 당시 편집장은 관광과 관련된 정부 기관 등에 기획서를 내고 지원을 요청하거나 현지 일본인 코디네이터를 알선하는 등 여러모로 노력했지만 코디네이터를 선택하는 요령이 없었기 때문에 결국 취재가 원활히 이루어지지 못하는 경우도 있었다.

한 예로 이탈리아 나폴리의 평소 생활상을 다루는 특집에서 코디네이터 관련 문제가 발생해 현지 호텔에서 특집 레이아웃을 급히 바꿔야 했다. 하지만 이대로는 특집을 만들 수 없다고 판단했고, 결국 문제를 해결하기 위해 한밤중에 나폴리 거리에 나가 사전 약속 없이 현장 인터뷰를 진행했다. 그뿐 아니라 프로치다Procida라는 이름의 작은 섬에 갔을 때도 약속 없이 바로 여러 집을 취재했는데, 이것이 오히려 원래 콘셉트였던 '나폴리 사람들의 평소 생활 모습'을 현장감 있게 전할 수 있는 기회가 되었다. 생생한 현장감은 잡지나 제품 제작 시 중요하며, 예상외의 사건이나 틀을 벗어난 진행은 오히려 특집에 개성을 부여하기도 한다.

평소 『LIVING DESIGN』은 책을 왼쪽으로 넘기면서 보는 형태였고 본문도 세로 배열로 되어 있었지만, 해외 특집을 만들 때는 오른쪽으로 넘어가게 했고 본문도 가로로 배열했다. 그리고 표지에 있는 가격의 경우 엔과 해외 현지의 통화를 함께 표시하도록 했다. 네덜란드 특집을 진행했을 때는 네덜란드 미술관이 잡지 내용에 큰 관심을 보여 실제 그 가격에 잡지를 구매하기도 했다.

이때 깨달은 것은 '당연함을 항상 의심하는 것'과 '현장 체험을 바탕으로 유연하게 고민하는 것'이 개성 강한 제품을 만드는 데 중요하다는 점이었다. 대부분의 잡지 제조 현장은 예산이 풍족하지 않기 때문에 때와 장소에 따라 많은 고민을 하게 된다. 잡지 제작에도 이와 같은 문제가 항상 따라다닌다. 일례로 고급 시계 촬영용 소품으로 준비했던 바카라Baccarat*의 와인 잔을 촬영하다가 깬 적이 있었는데, 깨진 유리면의 음영이 더 예쁜 것을 발견하고 깨진 부분에 시계를 걸어 촬영함으로써 처음 의도했던 것보다 더 좋은 사진을 얻은 적도 있었다.

예상 밖의 상황을 내 편으로 만드는 데에는 무엇보다도 앞에서 말한 당연함을 항상 의심하는 것과 현장 체험을 바탕으로 유연하게 고민하는 것이 필요하다. 이것은 잡지뿐 아니라 모든 상품 제작에도 적용되는 방법이라고 생각한다.

흉내로는 개성을 살릴 수 없다

창간부터 디자인을 맡았고 지금도 생생하게 기억나는 잡지가 바로 『도쿄 캘린더』다. 잡지를 창간하는 것은 브랜드를 만들기 시작하는 것과 같다. 로고와 표지를 포함해 디자인이나 편집 방향까지 모두 처음부터 완성해 나가기 때문에 힘들긴 하지만 보람을 느끼는 일이다. 참고로 창간부터 맡았던 잡지는 10권 정도인데, 창간부터 함께하는 경험은 매우 소중하며 아트 디렉터로서 가장 영광스러운 일이다.

*역자 주 프랑스의 유명한 크리스털 브랜드

이 잡지를 만들기로 결정했을 때 편집부에서는 매거진하우스의 『브루투스BRUTUS』라는 잡지를 벤치마킹하려고 했다. 『브루투스』의 아트 디렉션을 담당한 곳은 『뽀빠이』의 디자인을 담당하고 도움을 받았던 'Cap'이라는 디자인 사무실이었고, 당시 『브루투스』의 편집장은 『뽀빠이』에서 신입 디자이너로 일할 때 많은 신세를 졌던 분이었다. 여러 사람의 힘으로 『브루투스』는 결국 멋지게 리뉴얼에 성공했고 지금도 그 당시의 영향이 짙게 남아 있다. 독자층의 남녀 비율은 비슷했고 내용도 여행, 음식, 문화, 패션 등 모든 라이프 스타일을 다뤘다. 기사 내용에는 정보의 생생함이, 디자인에는 신선함과 열정이 그대로 녹아 있었다.

한편 『도쿄 캘린더』가 목표로 한 독자층은 이제 막 사회인이 된 사람들이었으며, 거래처와 회식하는 경우, 친구나 연인과 맛있는 식사를 하고 싶어 하는 경우 등을 콘셉트로 잡았다. 따라서 맛집 정보를 중심으로 여행, 패션, 문화 등 라이프 스타일 전반에 대한 정보 전달을 목표로 삼았다.

이 잡지는 사회에 나온 후 지금까지 앞만 보고 달려와 인생을 어떻게 즐겨야 하는지 잊고 사는 사람들을 위해 즐거움의 장을 마련해주는 안내자이자 감독 역할을 했다. 편집 방침상 맛집 정보를 주로 다룬다는 차이는 있었지만 전반적인 라이프 스타일을 다룬다는 점에서 『브루투스』와 비슷했다. 그리고 『브루투스』의 상승세에 힘입어 디자인이나 편집 방향을 비슷하게 맞추기도 했다.

매장을 선택할 때 누구에게 상담 받고 싶은가

어떤 잡지가 성공했을 때 그와 비슷한 잡지가 생기는 것은 이해할 수 있다. 그러나 잡지의 존재 의의는 그 잡지만의 가치를 만드는 데 있다고 생각한다. 즉, 개성이 있고 유일무이한 것이어야 한다는 의미다. 이것은 잡지뿐 아니라 모든 서비스나 브랜드도 마찬가지다.

『도쿄 캘린더』의 창간 초기 편집부에서 대략적으로 기획한 내용들은 『브루투스』와 거의 비슷했다. 이에 필자는 기본으로 돌아가 잡지의 콘셉트인 '독자에게 최고의 안내자'는 어떤 사람인가부터 고민하기 시작했다.

직장에서 열심히 일하던 당신은 얼마 전 승진했고, 고객과 미팅하며 식사할 일이 생겼다고 가정해보자. 이 경우 지금까지 계속 안에서 일만 해왔기 때문에 고객과 식사하기 좋은 장소를 모를 가능성이 크다. 이럴 때 먼저 맛집을 잘 아는 친구나 동료에게 물어본 후 추천을 받을 것이다. 물론 신뢰할 만한 사람에게 물어볼 것이며, 그 사람은 식당의 가치에 대한 기준을 갖고 있을 것이다. 예를 들면 어떤 식당은 북유럽풍 인테리어로 되어 있다거나, 매일 아침 신선한 해산물이 도착한다거나, 서비스가 훌륭하고 소믈리에가 요리에 맞는 와인을 골라준다거나, 간판이 없어서 찾아가기는 어렵지만 뭔가 분위기가 비밀스러워서 색다르다는 등 그 식당이 가진 강점을 잘 표현할 수 있을 것이다. 만약 그런 사람이 주변에 있다면 식당을 고를 때 의지하게 되지 않을까.

『도쿄 캘린더』는 친구이긴 하지만 어쩐지 조금은 부러운 인물을 잡지로 만든 느낌이었다. 정보의 양보다는 질을 더 중요하게 생각했다. 그 당시 『브루투스』는 한 페이지에 여러 곳의 매장을 소개하는 구성이었으나, 『도쿄 캘린더』는 2~4페이지 정도를 할애해 하나의 매장을 소개했고 사진도 큼직하게 넣어 설명보다는 전체적인 분위기를 더 중시했다.

사진을 크게 넣으려면 사진을 잘 찍는 사진기자가 필요하다. 사진 촬영의 핵심도 '추천하고 싶은 포인트'다. 즉, 싱싱한 재료가 강점인 식당이라면 완성된 요리보다 어항이나 밭, 진흙이 묻은 채소를 중심으로 사진을 찍는다. 인테리어로 소문난 식당이라면 식당이라는 공간을 중심으로 여유로운 분위기나 멋진 전망 등을 중점적으로 촬영하기도 한다. 간판이 없는 비밀스러운 식당의 경우 큰 사진보다는 스토리텔링을 통해 텍스트 중심으로 만드는 것도 좋은 방법이다.

일례로 초밥집을 주제로 다뤘던 어떤 특집에서는 취재 시 초밥 장인에게 들은 이야기가 흥미와 긴장감을 유발할 수 있다고 판단해 특집 제목을 한 페이지에 꽉 찰 정도로 크게 넣은 적이 있다. 어떤 바bar 특집에서는 '카운터가 무대'라는 느낌을 받아 그 곳에서 바텐더와 관계된 에피소드들을 인상적으로 전달하고 싶다는 생각에 카운터의 크기나 재질 등을 일러스트로 설명하려고 한 적도 있었다. 이처럼 『도쿄 캘린더』는 '어른을 위한 음식'을 주제로 하는 라이프 스타일 잡지로서 개성적인 이미지와 브랜드를 만들어갔다.

　잡지 내용의 방향이 정해지면 다음으로 표지를 기획해야 한다. 로고는 중성적이고 점잖으며 품위가 있을 뿐 아니라 어느 정도 인상에 강하게 남는 이미지였으면 좋겠다고 생각해 바로 다음 날 초안을 만들었다. 표지는 새로운 잡지라는 것을 부각시키면서도 중요한 느낌과 내용을 잘 전달할 수 있는 사진으로 꾸미고 싶어 연예인을 섭외했고 레스토랑, 호텔, 바 등에서 촬영했다. 사진기자는 연예인들이 신뢰하는 온다 요시노리恩田義則였다. 매우 유명한 사진작가였지만 정중하게 잡지의 취지를 설명한 후 촬영 전에 항상 협의를 거치도록 하거나 가끔은 촬영 장소를 찾는 일까지 참여하도록 부탁하기도 했다.

　『도쿄 캘린더』는 이제 내 손을 떠났지만 온다 요시노리 사진작가의 이미지는 아직도 남아 있다. 창간 후 몇 년 정도 지나니 사람들이 다른 잡지를 보고 "이 사진은 『도쿄 캘린더』 같아"라고 말하는 경우가 많아졌다. 그 이야기를 들었을 때 『도쿄 캘린더』가 하나의 잡지로서 뚜렷한 개성을 갖게 되었을 뿐 아니라 제대로 브랜드화되었다는 증거 같아서 매우 기뻤다. 2001년에 창간된 이 잡지는 나중에 다른 회사가 운영을 맡게 되었고 지금까지 발행되고 있다. 생존할 수 있었던 이유는 창간 당시 '독자에게 최고의 안내자'라는 독특한 콘셉트를 목표로 했고, 그 개성 있는 콘셉트를 지금도 중요시하며 이어가고 있기 때문이라고 생각한다.

매장도 편집한다

잡지 아트 디렉터로 계속 일하던 2009년, 리먼 사태*가 일어나자 출판 업계가 전체적으로 축소되기 시작했다. 이에 잡지 전문 디자인 회사로서의 방향성을 재검토할 필요가 생겼다. 이때 시도해본 것이 다양한 기업의 브랜딩이나 신규 사업 개발에 잡지 제작 노하우를 녹여내는 일이었다.

백화점을 사무실로 사용하면 어떨까

이 책의 주제인 '편집 사고'는 사실 이때 탄생했다. 그 당시 실제로

---

*역자 주 2008년 9월 15일 미국의 투자은행 리먼브라더스의 파산에서 시작된 글로벌 금융위기를 칭하는 말이다.

진행했던 작업 몇 가지를 소개한다.

먼저 잡지 제작 노하우를 활용해 신사업 개발을 지원하는 것으로, 초기에 맡았던 일이 삿포로 다이마루札幌大丸*의 한 층을 리뉴얼하는 작업이었다. 과거에 여러 백화점과 인연이 닿아 세이부·소고西武そごう 나 타카시마야高島屋, 미쓰코시 이세탄 홀딩스三越伊勢丹ホールディングス 등 과 사보 작업을 진행했다.

미쓰코시 이세탄 홀딩스는 한때 외부와의 신규 계약 건수가 상위 10위 안에 들어갈 정도로 다양한 일을 진행했는데, 그 당시 미쓰코시 이세탄 홀딩스의 오오니시大西 사장은 선진적 계약 방식을 많이 활용 하는 것으로 유명했다. 이때 사보 디자인부터 회사 내부 프레젠테이 션 자료 제작에 이르기까지 여러 프로젝트를 함께 한 덕분에 풍부한 지견을 들을 수 있었다.

그 후 다이마루 마쓰자카야大丸松坂屋 백화점의 화장품·잡화 사업 을 총괄하는 시미즈 히로시清水宏 부장에게 연락이 왔고, 다른 분들과 함께 식사하는 자리에서 그를 처음 만나게 되었다. 시미즈 히로시 부 장은 그 자리에서 "고도의 경제성장이 지속되던 시기에는 여성복 판 매율이 높았으나 지금은 오히려 회사의 발목을 잡고 있습니다. 여성 복 매장의 대부분은 지금도 백화점 2층에 자리 잡고 있는데, 지방 점 포를 중심으로 그 규칙이 깨지고 있으며 점점 더 새로운 매장 콘셉트 가 필요해지고 있습니다"라고 말했다.

*역자 주 일본 삿포로에 있는 백화점

어떤 백화점 대표는 "백화점의 어떤 층은 사무실이나 호텔로 사용해도 좋을 것 같다"고 대담하게 말할 정도로 백화점에는 개혁이 요구되고 있었다. 다이마루 마쓰자카야 백화점도 마찬가지였으며, 당면한 문제를 개선하기 위해 새로운 아이디어나 콘셉트가 필요했다. 또한 지방에 있는 백화점의 경우 인구 감소나 불경기로 인해 도시에 있는 본점보다 더 어려운 상황이라는 이야기도 나왔다.

그래서 백화점은 일반적으로 각 층마다 다른 테마가 적용되고 층을 위로 쌓는 구조이지만, 지방의 경우 땅이 넓으므로 각각의 층을 옆으로 배치해 상가와 같은 구조로 만드는 아이디어를 제안했다. 마트와 달리 그 곳에서만 살 수 있는 현지의 전문점들이 늘어서 있다면, 즉 백화점 구조가 미래의 상점가처럼 되어 있다면 가보고 싶어질 것이라는 의견도 전했다.

시미즈 부장이 이 제안에 흥미를 느끼면서 함께 일하게 되었고, 먼저 교토京都에 있는 화장품 매장의 로고, 패키지, 간판 등의 다양한 아이디어와 콘셉트를 제공하였다.

그리고 새로운 콘셉트로 만든 층에 여성복 매장을 본격적으로 리뉴얼한다는 이야기를 듣고 그 자리에서 바로 협업을 제의했다. 그 결과, 약 1년 동안 매주 2시간 정도 다이마루 마쓰자카야의 본사에 방문하여 화장품, 패션 잡화 담당 부장을 비롯해 경영기획부 등 많은 부서가 진행하는 회의에 참여하게 되었다. 이것은 다이마루 마쓰자카야 창업 이래 처음으로 타 분야와 융합한 회의였다고 한다.

결론을 먼저 정한다

　브랜딩 프로젝트가 시작되면 반드시 다음과 같은 일을 진행한다. 예를 들어 이번 작업의 경우 1년에 걸쳐 나올 만한 답을 첫 회의 단계에서 먼저 제안해 버리는 것이다. 이 프로젝트는 의뢰를 받은 후 첫 회의까지 2주 정도밖에 남아 있지 않은 상황이었다. 단기간에 콘셉트나 디자인 안을 내는 것은 힘든 작업이고, 프로젝트의 진행 여부가 결정되지 않은 상태에서 그렇게까지 하는 것은 솔직히 위험 부담이 있는 작업이기도 했다.

　그러나 대부분의 클라이언트가 앞으로의 진행 상황을 파악하지 못하고 있다는 점에서, 이렇게 하지 않으면 시작 전에 프로젝트가 공중 분해될 우려가 있었다. 많은 클라이언트는 최종 목표가 무엇인지 잘 파악하지 못하고 있는 경우가 많아 새 매장을 만들기 위해 어떤 것부터 결정해야 하는지 개략적으로 답을 알려주는 것이 좋다. 그러면 클라이언트는 그 자료를 가지고 프로젝트의 이미지를 떠올릴 수 있게 된다. 한 예로 매장의 이름은 무엇으로 지을지, 어떤 것을 판매할지, 최종 목표는 어떤 이미지인지 등과 같이 결정해야 하는 사항들을 미리 보여주는 것이다. 이 디자인 안은 어디까지나 안건일 뿐이라는 것을 클라이언트에게 강조하면서 이것을 바탕으로 원활한 논의가 이루어지도록 해야 한다.

삿포로 다이마루 프로젝트의 경우 시미즈 부장이 이미 대략적인 방향을 정해두었는데, 먼저 여성에게 필요한 상품이라면 기존의 백화점 매장 구성 방식에 구애받지 않고 카테고리도 구분하지 않아야 한다는 전제를 내세웠다. 또한 상품을 깔끔하게 정리해서 진열하는 것보다는 여성들이 보고 설렐 수 있도록 꾸며야 하며, 판매자를 우선시해야 한다는 내용도 포함시켰다.

그러나 '여성'이라는 소비자층은 매우 광범위하고 어떤 여성이 어떤 매장을 필요로 하는지도 미지수였다. 그래서 이번에는 다른 부서의 사람들이 많이 모일 수 있는 프로젝트를 준비하여 그 프로젝트에 참여한 모든 사람의 의견을 종합할 필요가 있었다. 이와 관련된 작업을 의뢰 받은 뒤 회사 내에서 근무하는 기획자, 프로듀서, 아트 디렉터를 비롯해 여성 고객과 이미지가 비슷한 회사 외부 근무자들까지 회의에 참가하도록 하고, 첫 번째 회의에서 답을 찾아내기 위해 프레젠테이션 자료를 만들었다.

초기 기획의 목적은 바람을 일으키는 것

첫 번째 프레젠테이션의 경우 어떻게 보면 장난처럼 보일 수 있을 정도로 엉뚱한 아이디어나 비현실적인 의견을 제시해도 되고, 심지어 상품을 판매하기 위한 자료가 아니어도 된다고 생각했다. 앞에서도 언급했지만 이 프레젠테이션이 '최종적으로 무엇을 결정해야 하는지'를 보여주는 쇼케이스의 의미였으면 좋겠다고 생각했기 때문이었다. 회의에 참가한 사람들은 제한 없이 자유롭게 아이디어를 이야기했다. 네이밍의 경우 시미즈 부장이 만든 콘셉트에 '골목橫丁'이라는 이미지가 있었는데, 이것을 보고 '다른 형태의 골목縱丁*'이 있는 것은 어떻겠냐고 의견을 낸 사람도 있었다. 얼핏 들었을 때는 어처구니가 없을 수도 있지만 이 아이디어 덕분에 회의 분위기가 활발해졌고, 이는 잘나가던 시절의 잡지 기획회의에서 느꼈던 떠들썩한 분위기와 비슷했다. 다음에는 무엇을 할까, 어디로 갈까, 누구를 만나 인터뷰할까 등 그 당시의 다소 들뜬 느낌이 다시 살아난 것 같았다.

이때 변화한 골목, 다른 형태의 골목이라는 말을 들은 아트 디렉터는 이 회사에서 일하는 직원에게 보더 프린트border print**가 있는 옷을 입히면 귀엽고 멋질 것이라고 말했고, 이 말을 들은 기획자는 여성에게 멋은 중요한 요소이므로 영어로 '스트라이프 골목'이라고 이름 붙이는 것은 어떻겠냐고 제안했다. 이처럼 아트 디렉터는 스트라이프를 기본 이미지로 하여 매장, 유니폼, 로고를 그래픽으로 만들었고, 기획자는 나중에 '골목다운 서비스란 무엇인가'에 대해 프레젠테이션을 진행했는데, 이 의견에 대해서는 찬반양론이 팽팽했다.

---

*역자 주 일본어로 '橫丁'가 골목이라는 뜻인데, 한자 뜻을 풀어보면 '가로로 된 길'이라는 의미다. 여기서 가로라는 의미의 '橫'을 세로라는 의미의 '縱'으로 바꿔 말장난처럼 '縱丁'이라고 한 것이다.
**역자 주 옷감 끝 쪽 단과 평행하게 무늬를 프린트한 것이다.

이 프레젠테이션의 경우 극단적인 아이디어끼리 충돌하는 것을 보며 재미를 느끼도록 하는 것이 중요했고, 동시에 백화점 임직원들이 '우리가 하고 싶은 것은 그런 것이 아니다!'라고 생각하게 하는 것도 중요했다. 그런 의미에서 프레젠테이션은 성공적이었다. 하고 싶은 일에 대해 논의하면서 직원들의 진심을 파악할 수 있었기 때문이다. 참가자 전체의 생각에 대해 이야기한 다음 한 사람 한 사람에게 최근 가슴 설렜던 경험에 대해 각각 이야기하도록 했고, 또 그것을 두 번째 회의까지 정리하여 프레젠테이션을 진행하도록 했다.

이와 같은 일을 1년 동안 반복한 끝에 최종적으로 완성된 콘셉트는 '해볼 수 있는, 비교할 수 있는, 즐길 수 있는, 자기중심적인 여성을 위한 KiKiYOCOCHO'였다.

계기가 된 테킬라

이 콘셉트를 결정한 계기는 어떤 여성이 친구와 한잔하러 간 술집에서 시음용 술로 '테킬라'를 마셨다는 에피소드 때문이었다. 테킬라처럼 한꺼번에 많은 양을 마실 수 없는 술도 다양한 방법을 통해 수요를 창출할 수 있다는 이야기를 나눴다. 여성들은 제품을 구매하기 전 미리 사용해보는 것을 좋아하므로 술뿐만 아니라 화장품 등도 다양한 방법을 활용하면 수요를 늘릴 수 있고 서비스 형태도 갖춰 나갈 수 있을 것이라고 생각했다.

이와 같은 개인적 경험은 대부분 많은 사람들로부터 공감을 얻는다. 의외의 에피소드인 것 같지만 자세히 들어보면 납득할 수 있듯이 의외성과 리얼리티가 공존하는 생생한 정보야말로 신규 사업을 개발하는 데 중요한 요소라고 할 수 있다. 이것이 사업과 관련된 회의에서 나온 이야기라면 30대 평균 연봉, 이 시에 살고 있는 어린이 수 등과 같은 통계적인 데이터부터 꺼내겠지만 그러한 자료로는 자극이나 설렘을 이끌어내기 힘들다. 개인이 가진 생생한 정보를 자신만의 기준으로 재해석하여 내용을 확장시키거나 폭로하는 것은 재미있는 일이다. 흥미로운 기획은 재미있는 일을 할 때 느끼는 설렘을 통해 만들어진다고 생각한다.

KiKiYOCOCHO는 그 후 어떻게 됐을까? 다이마루 삿포로점의 경우 2018년 4월에 매장을 오픈했고, 2019년 3월에는 나고야점도 오픈하여 새로운 스타일의 매장을 선보였다.

KiKiYOCOCHO는 '해볼 수 있다'는 콘셉트와 다른 이면의 콘셉트도 갖고 있는데, 그것은 다음과 같은 쇼핑 체험을 통해 만들어졌다. 어떤 사람이 신발을 사러 한 신발 매장에 들어갔는데 대부분 검은색 신발이었다. 그런데 그 매장 점원이 손님을 보더니 "손님에게는 흰 운동화가 더 잘 어울리세요. 건너편 다른 매장에서 흰 운동화를 판매하고 있습니다."라며 다른 곳을 안내해주었다. 물론 손님이 다른 가게에서 신발을 사면 그 점원은 매상을 올릴 수 없지만 눈앞의 매출보다 손님의 만족을 우선시한 것이다. 고객은 그 모습에 감동을 받아 이 가게의 단골이 되었다.

이것은 골목 형태 매장의 목표였던 관계성으로 이어졌고, 각 점포들이 각각의 제품을 서로 소개하고 정보를 공유하는 장소로 재탄생했다. 이것이 바로 KiKiYOCOCHO가 가진 '이면의 콘셉트'였다. 지금은 컨퍼런스 형식의 모임을 정기적으로 개최하고 있고, 상점들은 이 모임에서 힘을 합쳐 이벤트를 여는 등 골목을 활성화시키고 있다. 이것은 에피소드가 가진 정보의 강점이라고 할 수 있다.

필자는 이 삿포로 다이마루 사례를 시작으로 최근 다양한 기업의 사업 개발을 지원하고 있으며 대부분 성공을 거두었다. 다음은 다양한 아이디어로 만들어졌던 생각을 편집 사고 방법으로 정리하는 것이다.

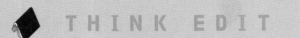

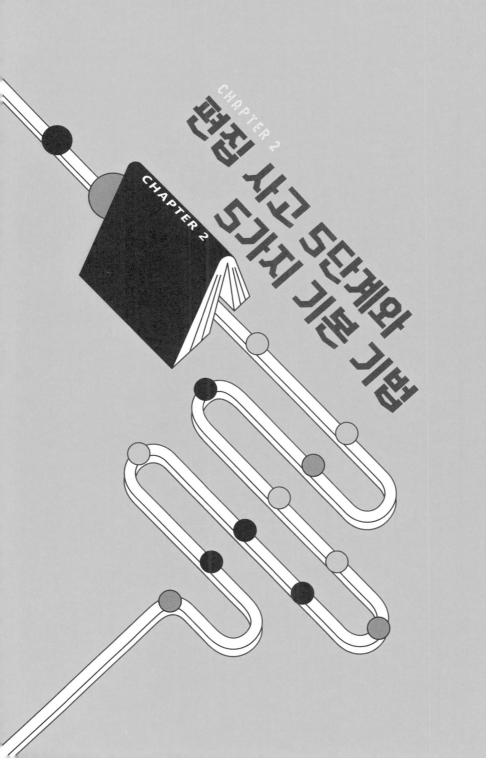

편집 사고 5단계와
5가지 기본 기술

CHAPTER 2

'편집 사고'란 무엇인가?

편집이란 '모든 콘텐츠를 모아서 엮는 것'이다. 그리고 편집 사고란 '잡지 편집의 관점으로 보면서 아이디어 창출 방법을 활용해 새로운 가치를 도출하는 것'이다. 그 가치는 잡지 기획뿐만 아니라 신규 서비스 개발, 브랜드 개발 등 모든 분야에서 새로운 시점이나 가치가 필요할 때 효과적이다.

서비스나 브랜드를 개발할 때 중요한 요소는 두 가지다.

하나는 기업이나 브랜드의 콘셉트, 이념 등을 나타내는 '슬로건'을 설정하는 것이다. SONY의 'It's a SONY', 나이키의 'JUST DO IT' 등을 예로 들 수 있다.

슬로건은 그 브랜드가 소비자에게 제공하는 '새로운 가치'라고 할 수 있다. 브랜드를 독자적인 시점으로 표현하여 그 브랜드만이 갖고 있는 가치를 내세우는 것이다.

잡지 편집자들은 이 슬로건에 해당하는 말을 만들어내는 데 능숙하다. 그 이유는 매달 게재되는 특집에 레스토랑, 독서, 영화 등과 같이 단순한 주제를 그대로 사용하지는 않기 때문이다. 예를 들어 레스토랑은 '아름다워질 수 있는 레스토랑', 독서는 '예술적인 독서', 영화는 '사랑하는 영화' 등과 같이 독특하고 새로운 관점으로 주제를 정해 개성을 살린다.

이를 통해 독자들이 '읽고 싶다'라는 생각이 들도록 한다. 이와 같은 기술은 새로운 서비스나 브랜드 슬로건 제작에도 활용할 수 있다.

서비스 및 브랜드 개발에서 두 번째로 중요한 요소는 목표 선정Targeting과 마케팅Marketing이다. 예전에 어떤 해외 잡지의 아트 디렉터는 "일본만큼 잡지의 세그먼트segment가 세분화된 나라는 없다"고 말했다. 다시 말해 잡지 분야가 매우 세부적으로 나뉘어 있다는 의미다.

확실히 일본 잡지는 주요 독자층의 나이와 라이프 스타일이 매우 세세하게 설정되어 있다. '20대 여성 대상 패션 잡지'라는 범주 내에서도 몇십 권의 잡지가 발행되고 있으며, 주요 독자층도 이성에게 인기가 있고 품위가 있으며 사랑스러운 여성, 유행에 민감하며 자신만의 신념을 갖고 있는 여성, 화려한 전문직 여성이나 여대생 등과 같이 잡지마다 세분화되어 있다. 이를 통해 그 잡지만의 커뮤니티를 구축할 수 있고, 독자적인 세계관을 형성해 나갈 수 있다.

이처럼 잡지는 세계관이나 커뮤니티를 만드는 데 탁월한 능력이 있다. 이러한 기술을 응용해 새로운 서비스나 브랜드의 세계관을 만들어보자.

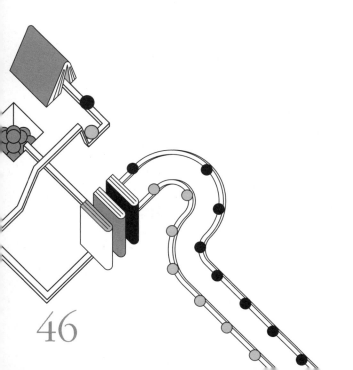

THINK
EDIT

다양한 잡지의 특집 주제에 주목하자

× 레스토랑 특집
↓
○ 아름다워질 수 있는 레스토랑

× 독서 특집
↓
○ 예술적인 독서

× 영화 특집
↓
○ 사랑하는 영화

잡지의 특집을 보면 '레스토랑', '독서', '영화'가 아니라 '아름다워질 수 있는 레스토랑', '예술적인 독서', '사랑하는 영화' 등으로 표현 방법을 바꿔 새로운 가치를 창출했다는 것을 알 수 있다. 이러한 과정이 독자의 흥미를 자극해 '읽고 싶다'는 생각을 하게 만든다.

언뜻 보기에는 같은 '패션' 특집이라도 이처럼 다양하다

평상복

80년대

100명의 패션 피플

SNAP

티셔츠

도쿄의 브랜드

헌 옷과 시계

가방과 구두

언뜻 보기에는 같은 주제를 다룬 듯한 특집으로 보일 수 있지만, '패션'에 관한 다양한 견해에서 나온 콘텐츠를 모아 엮었으며 관점을 바꿔 새로운 시점으로 볼 수 있다.

주요 독자층이 같은 세대인 잡지도 세분화되어 있다

잡지가 판매되는 것을 주의 깊게 보면 주요 독자층이 같은 세대라도 소비자의 취미나 기호에 따라 잡지가 세세하게 분류되어 있는 것을 알 수 있다. 이것은 일본 잡지가 가진 특징이다.

편집이란?
가능한 한 모든 콘텐츠를 모아서 엮는 것이다.

편집 사고란?
신규 서비스 사업, 브랜드 개발을
진행하기 위해
잡지 편집에서 사용되는 관점과 방법을 활용하여
'새로운 가치'를 도출하는 방법이다.

모아서 엮는 방법으로 제작하는
잡지 특집의 새로운 관점은
서비스 및 브랜드 개발에도
활용할 수 있다.

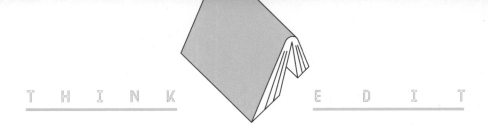
편집 사고의 핵심과 비법

우선 실제 편집회의를 참고하여 편집 사고 방법을 설명하고자 한다. 잡지 편집회의에서는 미리 대략적인 주제를 공유하고, 참가자 전원이 기획서나 자료를 준비해서 회의에 참석하여 토론을 통해 주제의 내용을 넓혀 나가거나 발전시키는 경우가 많다.

이번 회의에서는 '가상의 특집 기획을 만든다'라는 목표로 편집 사고를 실천하여 그 순서와 결과를 5단계로 정리했다.

'잡지 편집회의'라고 하면 어떤 모습이 떠오르는가? 필자는 다양한 잡지의 편집회의에 참석했지만 대부분의 회의는 왁자지껄하고 정신없는 분위기 속에서 진행되었다. 진지하게 이야기하는 사람도 있지만 뜬금없이 본인이 좋아하는 것을 말하는 사람도 있다. 책상 위에는 잡지나 사진과 같은 참고자료, 기획서 등이 너저분하게 흐트러져 있으며 녹차, 커피, 과자 등의 간식을 가져오는 사람도 있다. 회의라

기보다는 휴식 시간 같은 분위기다.

이렇게 경직되지 않은 분위기 덕분에 모두 하고 싶은 말을 눈치 보지 않고 할 수도 있고, 아이디어를 자유롭게 꺼낼 수도 있다. 가끔 주제와 상관없는 잡담에서 '그래! 이거야!'라며 특집이 탄생하는 경우도 있다.

이와 마찬가지로 편집 사고의 핵심도 '느긋한 분위기'와 '자유로운 이야기'라고 할 수 있다. 편집 사고에서는 주제와 관련된 키워드를 추출하고 서로 대화하며 스토리를 펼쳐간다. 스토리가 확장되면서 이미지가 견고해지고 그것이 아이디어로 연결된다. 편집 사고의 가장 큰 특징은 당당하고 쉽게 실천할 수 있다는 것이다. 여러분도 꼭 커피와 과자를 즐기며 느긋하게 이 책을 읽어보기 바란다.

그러면 실제 '편집 사고'의 과정을 살펴보자.

STEP 1

대략적인 특집 주제를 설정한다

여행 잡지라고 가정하고
주제를 '하와이'로 설정한다.

STEP 2

참석자 전원이 '하와이'에 관한 모든 물품을 탁자 위에 올려둔다

잡지나 사진집, 인터넷과 SNS 기사, 하와이에서 찍은 사진, 선물 등
어떤 것이든 상관없다.
힌트가 될 만한 재료라면 무엇이든 좋다.
회의실은 지금 하와이 자료 창고이다.

카드나 포스트잇을 사용하여 모인 재료를 키워드화한다.
싸움과 같이 비약이 심한 키워드도 괜찮다.
참고로 이 키워드는 '친구와 처음으로 여행을 함께 가면 아무리 사이가 좋아도
한 번은 큰 싸움을 하게 된다'라는 직원의 말에서 나왔다.

*역자 주 영검한 힘을 갖고 있다고 생각되는 자연의 어떤 장소. 일본 사람들은 이곳에서 영적인 힘을
받을 수 있다고 생각한다.

모인 자료를 보면서 자신의 체험담이나
다른 사람에게 들은 정보, 알고 있는 사실 등을 이야기한다

카페에서 친구와 수다 떠는 것처럼 두서가 없어도 상관없다.
어쨌든 자유롭게 이야기하자.

하와이는 신혼여행지
라는 생각에 아직
가본 적이 없다.

파워 스폿

<비밀의 파워 스폿 순례>
라는 책을 보고 혼자
가보고 싶다고 생각했다.

허니문

여행 갈 때마다
새 수영복을 사기 때문에
여행 가기 전에
돈이 많이 든다.

요가

아사이

수영복

SUP(스탠드업 패들보드)를
하와이에서 체험했었다.
일본에서도 해보고 싶은데
가능할까?

최근 아사이베리가
유행인 것 같은데
도쿄에도 많아졌다.

한참 이야기하다 보면
다들 공감할 만한 이야기들이 나온다.
가장 흥미로웠던 것은 호텔 조식 뷔페에 관한 일화였다.

조식 뷔페는
쉽게 질리거나
과식하게 된다.

이 말에 회의 참석자들은 어느 정도 공감하며,
"호텔 숙박비에는 대부분 뷔페 비용이 포함되어 있어서 안 먹으면 아깝다.",
"뷔페에서 이미 배가 너무 부른데,
꼭 먹고 싶었던 메뉴가 있어 점심을 또 먹었더니 결국 배탈이 났다.",
"수영복을 입어야 해서 살찌면 안 된다."
등과 같은 이야기를 덧붙였다.

에피소드나 공감되는 부분에 숨어 있는 니즈를 발견하고, 거기서 인사이트를 찾는다

지금까지의 에피소드나 공감할 만한 부분을 정리하고 나니
'하와이를 여행하는 여성은 여행지에서 타협하고 싶어 하지 않는다'라는
잠재적 요소가 보였다. 호텔 조식 뷔페도 먹고 싶고 점심도 먹고 싶다.
수영복을 입어야 하므로 살이 찌는 건 원치 않는다.
즉, 하와이를 여행하는 여성들은
'맛있는 것도 먹고 싶고 예쁘게 보이고도 싶다'는 생각을 갖고 있는 것이다.

에피소드

니즈

여행을 하면 과식해서 살이 찐다.
그러나 사실은 신경 쓰지 않고 만끽하고 싶다!

인사이트

하와이를 여행하는 여성은 여행지에서 타협하고 싶어 하지 않는다!

인사이트를 통해
새로운 가치를 발견하고
특집 제목을 정한다

이러한 여성들에게 제안하는 새로운 가치는 바로 '건강'일 것이다.
이것을 한마디로 정리해서
'욕심 많은 여성을 위한 건강한 하와이Healthy Hawaii'라는
특집 주제를 도출했다.

⬇

특집 제목

"

욕심 많은 여성을 위한
건강한 하와이

"

하와이의
새로운 가치

니즈를 바탕으로 한 인사이트의 발견

편집회의에서 모두가 공감한 이야기를 통해 소비자 이면에 있는 니즈와 인사이트를 찾아내어 '욕심 많은 여성을 위한 건강한 하와이'라는 특집 제목을 정할 수 있었다. 그리고 이를 통해 하와이의 또 다른 매력도 담을 수 있었다. 이러한 흐름은 5단계로 정리할 수 있다.

❶ 대략적인 특집 주제를 설정한다.

❷ 참석자 전원이 '하와이'에 관한 모든 물품을 탁자 위에 올려둔다.

❸ 모인 자료를 보면서 자신의 체험담이나 다른 사람에게 들은 정보, 알고 있는 사실 등을 이야기하며 공감할 수 있는 에피소드를 찾아낸다.

❹ 대화 중에 찾은 에피소드에 주목한다. 그 이야기에서 공감되는 부분을 정리하면 숨어 있는 니즈가 보인다. 그것을 바탕으로 인사이트를 찾는다.

❺ 인사이트를 통해 새로운 가치를 발견하고 특집 제목을 정한다.

이 중에서 특히 두 번째 단계가 중요한데, 여기서는 눈에 보이고 손에 잡히는 '물건'을 모으는 것이 핵심이다. 이러한 물건들을 탁자 위에 늘어놓는 이유는 시각적인 요소가 대화의 물꼬를 트는 데 효과적이기 때문이다. 시각적 요소를 염두에 두고 물건을 바라보면서 생각나는 대로 말하는 과정이 중요하다.

서로 재미있게 이야기하다 보면 상대에게 공감하는 부분이 나오는데, 편집 사고에서는 이 부분을 중요하게 생각한다. 모두가 공감할 수 있다는 것은 거기에 바로 니즈가 있다는 뜻이기 때문이다. 그 니즈에서 인사이트를 찾고 그것을 제목으로 바꾼다. 이번 경우에는 '욕심쟁이 여성'이라고 하는 인사이트 자체를 새로운 가치로 하여 특집 제목을 만들었다.

지금까지 잡지 특집을 제작하는 방법에 대해 살펴봤다. 이 방법을 활용하면 잡지뿐 아니라 다양한 분야의 '새로운 가치'를 창출하는 데에도 효과적이다. 우리는 실제로 이 방법을 활용해 다양한 서비스 및 브랜드를 개발해왔다.

모든 잡지가 그렇다고는 할 수 없지만, 대부분의 잡지 특집은 많든 적든 이러한 과정을 거쳐 만들어진다. 그런 의미에서 서점의 잡지 코너는 '인사이트의 보고寶庫'라고 할 수 있다. 우선 시험 삼아 서점의 잡지 코너에 가보기 바란다. 서비스 및 브랜드 개발에도 응용 가능한 주제를 찾을 수 있을 것이다.

특집 제목 결정 방법

자료를 모은다
‖
키워드

⬇

많은 이야기를 나눈다
‖
에피소드

⬇

공감되는 부분
‖
니즈

⬇

새로운 가치
‖
인사이트

⬇

특집 제목 결정!

62

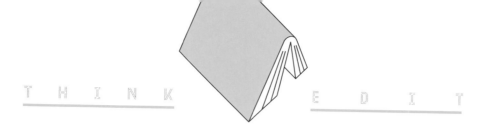
편집 사고를 활용한
신규 서비스 개발

앞에서는 큰 틀에서 결정한 주제 중에서 복수의 키워드를 찾고 그것을 조합하여 새로운 가치(특집 주제)를 만들었다. 이것을 신규 상품 및 서비스 개발로 대체하면 어떻게 될까?

예를 들어 '커피'라는 주제로 새로운 서비스를 개발한다고 하자. 그 흐름은 64쪽의 그림과 같은 형태가 될 것이다.

먼저 커피와 관련된 키워드를 30개 정도 모아본다. 언뜻 보기에는 관련 없어 보이는 것, 공감을 이끌어낼 수 없을 것 같은 것도 일단 생각났다면 함께 모아 나간다. 키워드를 추출한 후에는 키워드와 관련된 에피소드에 대해 이야기를 나눈다.

"카페는 약속 장소로 최적이다", "카페에서 일이나 공부를 하는 사람이 많다" 등 다양한 이야기가 나왔을 것이라 생각된다.

그중 "카페에서 시간을 때우는 일이 많은데, 이전에 갔던 어떤

에피소드

> 심심할 때 카페에 자주 가는
> 편인데, 지난번에 갔던 카페는
> 왠지 어수선해 보여서
> 바로 나와버렸다.

니즈

여유 있게 일 또는 공부를 하거나
휴식을 취할 수 있는
분위기 좋은 장소가 필요하다.

인사이트

회사, 학교, 집과는 다른 아늑한 장소가 필요하다!

새로운 가치

서드 플레이스(Third Place)

카페는 왠지 분위기가 어수선해서 바로 나왔어"라고 이야기한 사람이 있었다. 그 사람은 "매장 내부가 좁아서 옆 사람 말소리에 신경이 쓰였고, 그런 공간에서는 차분하게 책을 읽을 수 없었다"라는 말을 덧붙였다.

여기서 생각할 수 있는 부분은 '여유롭게 일이나 공부를 할 수 있고 휴식도 취할 수 있는 분위기 좋은 장소가 있었으면 좋겠다'라는 니즈일 것이다. 그렇다면 이 니즈에서 발견할 수 있는 것은 어떤 인사이트일까? 여기서 서드 플레이스를 떠올렸다.

'서드 플레이스'란 자신의 집이나 직장과 분리된 아늑한 제3의 아지트를 말한다. 이 개념을 일본에 보급시킨 것은 1995년에 일본 법인을 설립한 미국 시애틀의 스타벅스다.

스타벅스가 일본에 들어오기 전까지 뿌리를 내리고 있던 찻집이나 카페 체인점도 서드 플레이스로서의 가치가 있었다고 생각한다. 단, 이 가게들이 가장 중요하게 내세운 가치는 어디까지나 커피였을 뿐 서드 플레이스가 아니었다.

주된 가치가 다르면 제품을 판매하는 방식이나 보여주는 방법에도 차이가 발생한다. 예를 들어 '커피'를 주된 가치로 여기는 카페는 양질의 맛있는 커피를 제공해야 한다. 그러나 커피 맛을 자랑하는 카페가 많기 때문에 경쟁사와의 가격 경쟁에서 밀려날 가능성도 높다. 타사와의 경쟁에서 승리하려면 효율을 중시하는 기업, 저렴한 가격, 좌석 수, 매뉴얼화 된 서비스 등과 같은 가치도 중요하다.

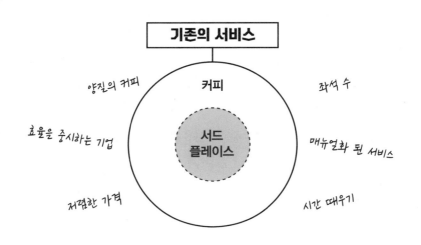

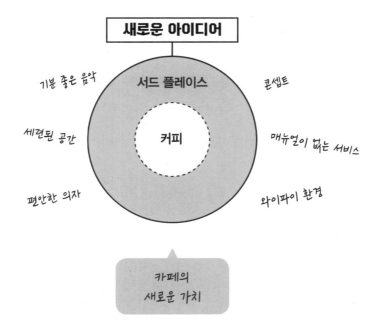

반면에 '기분 좋은 공간'을 주요 가치로 설정한 서드 플레이스 카페는 공간을 잘 만드는 것에 초점을 맞춰야 한다. 여기서 중요하게 생각되는 것은 멋진 인테리어와 음악, 누구나 사용할 수 있는 와이파이 환경 및 콘센트, 직원과 고객이 편안하게 대화할 수 있는 매뉴얼 없는 친근한 손님 응대 등이다. 스타벅스의 경우도 의자나 탁자의 재질을 연구한다거나 오리지널 편집Compilation CD를 판매하는 등 서드 플레이스로서의 가치를 강화하고 있다.

이와 같이 그 카페가 원래 갖고 있던 콘텐츠라도 판매 방식이나 보여 주는 방법을 바꾸면 기존과 다른 가치를 창출할 수 있다. 그리고 이것이 바로 편집 사고를 활용해 서비스를 개발하는 것이다.

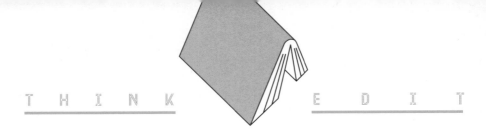
신규 서비스 개발 체험

이제는 지금까지의 경험을 떠올리면서 실제로 서비스를 개발해보자. 편집 사고는 잡지 편집회의를 토대로 만들어진 것이므로 대략적인 흐름도 편집회의와 같다.

우선 사업의 방향성에 따라 목표를 대략적으로 나눈다(1단계). 다음은 주제와 관련된 에피소드를 서로 이야기하며 소비자의 니즈를 찾아나간다(2·3단계). 여기서 발견한 니즈로 인사이트를 찾은 후(4단계) 서비스 개발 콘셉트로 설정한다(5단계).

지금까지 소개한 방법을 사용하면 3단계, 에피소드로 니즈를 찾는 과정은 힘들이지 않고 수월하게 진행할 수 있다. 그러나 4단계인 인사이트를 찾는 과정은 어려울 수 있다. 그래서 인사이트를 찾기 위해 실제로 사용하는 편집 기법 중 기본적으로 엮는 5가지 방법을 소개한다.

❶ 인물 엮기

❷ 장소 엮기

❸ 시간 엮기

❹ 비교해서 엮기

❺ 다른 소재 엮기

이것은 5가지 관점에서 사업을 살펴보는 방법이며, 이를 통해 비교적 간단히 인사이트를 찾을 수 있다. 여기서 핵심적인 부분은 하나의 사업을 다른 관점에서 몇 번이고 음미해보는 것이다. 그래야 그 사업에 포함된 새로운 가치를 발견할 수 있다.

그렇다고 너무 긴장할 필요는 없다. 처음에는 부담 없이 가볍게 도전해보자. 한 번에 끝내거나 완벽하게 하려는 생각은 버리고, 조금 어설퍼도 괜찮으니 일단 끝까지 실행해보는 것이다. 편집회의의 편안한 분위기를 상상하며 진행해보자.

'새로운 커피 브랜드'라는 설정으로 상품 및 서비스를 개발해보자.

STEP 1

타겟을 설정한다

이번에는 '문화생활을 즐기는 20~30대 여성'을 타겟으로 설정했다.
대략 정해도 상관없다.

커피 브랜드의 테마를 결정한다

이번에는 연습이므로 테마를 많이 비틀지 말고
간단히 '커피'로만 설정하자.

테마
커피

타겟층
문화생활을 즐기는
20~30대 여성

커피에서 연상되는 키워드를 계속해서 이야기한다

엉뚱한 키워드도 상관없다.
확실한 이야기부터 조금은 이상한 이야기까지 자유롭게 연상해보자.

*역자 주 일본 도쿄에 있는 지역명. 이곳에 일본 블루보틀 1호점이 있다.

키워드가 모였다면 각각 자유롭게 에피소드를 나눈다

예전에 찻집을 돌아다니다가
마음에 드는 곳을 발견했다.
유명한 작가분도 가는 곳인 것 같았다.
다음에는 책을 갖고 가볼까?

시애틀을 여행하면서 들어갔던 카페인데,
점원이 친절한 사람이었고 커피를 산지별로
시음할 수 있게 해주었다.
맛이 크게 다르다는 데 깜짝 놀랐다.

친구가 일본 과자를 주었을 때
녹차가 없어서
우연히 블랙커피를 마셨는데,
의외로 궁합이 좋았다.

에피소드를 참고하여 소비자의 니즈를 찾아본다

작가가 사랑한 찻집을 알고 싶다!

다양한 나라의 커피 맛을 알고 싶다!

다른 사람도 의외의 조합을 체험했으면 좋겠다!

니즈를 참고하여 인사이트를 찾는다

니즈를 찾는 것과 달리 그것을 인사이트로 연결하는 것은 어려울 수 있다.
이때 도움이 되는 것이 5가지의 편집 기본 기법이다.

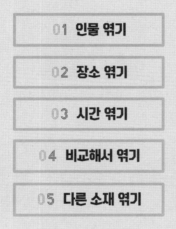

01 인물 엮기

02 장소 엮기

03 시간 엮기

04 비교해서 엮기

05 다른 소재 엮기

여기서는 아까 찾은 '작가가 사랑한 찻집을 알고 싶다!'는 니즈를 대상으로
5가지의 편집 기본 기법을 활용해보자.

01   인물 엮기

'인물 엮기'에서는 인물에 초점이 맞춰진다.
작가는 물론 고객에 이르기까지 인물 자체에 주목한다.
작가는 무엇을 주문했는지, 찻집 주인의 솜씨는 어떤지 등
다각도로 생각하면서 인사이트를 상상한다.

↓

인사이트

유명인들이 좋아하는 맛을 체험해보고 싶다!

장소 엮기

'장소 엮기'에서는 찻집의 소재지는 물론
자리나 창문의 위치 등과 같은 공간에 초점을 맞춘다.
그 작가는 어디에 앉았나, 지금도 거기 앉을 수 있나 등의
생각만으로도 설렌다.

인사이트

작가가 앉았던 자리에 앉아보고 싶다!

03 시간 엮기

'시간 엮기'에서는 작가가 살았던 시대, 심야 찻집 등
시간에 주목한다.
작가가 살았던 시대로 가서 그들의 생활을 관찰하고
함께 식사도 할 수 있다면 재미있지 않을까?

인사이트

작가가 살았던 시대로 시간 여행을 해보고 싶다!

04 　비교해서 엮기

'비교해서 엮기'에서는 핵심 주제인 '커피'와 '찻집'이
짝을 이룬다는 데 주목한다.
'찻집에 드나든 작가가 있었듯이 선술집에 드나든 작가도 있었을 것이다'라고
생각하면서 무대를 확장시킨다.

↓

인사이트

대문호가 좋아하는 찻집이나 선술집에 가보고 싶다!

05 다른 소재 엮기

'다른 소재 엮기'에서는 '커피'나 '찻집'과 관계가 없는 관점으로 생각한다.
예를 들어
찻집에 드나들던 작가는 어쩐지 서양식 멋쟁이처럼 느껴진다.
그들의 옷차림이나 생활양식을 현대에 다시 살려낸다면 어떨까?

↓

찻집에 다니는 작가의 멋을 배우고 싶다!

이러한 인사이트를 기반으로 새로운 가치를 떠올려본다.

니즈   인사이트

작가가
사랑한
찻집을
알고
싶다!

유명인이 좋아하는 맛을 체험해보고 싶다.

작가가 앉았던 자리에 앉아보고 싶다.

작가가 살았던 시대로 시간 여행을 해보고 싶다.

대문호가 좋아하는 찻집이나 선술집에 가보고 싶다.

찻집에 다니는 작가의 멋을 배우고 싶다.

새로운 가치

작가가 사랑한 커피

아늑한 카페

레트로풍의 찻집

대문호가 사랑한 긴자의 유명한 가게

카페오레와 스웨터

새로운 가치는 잡지 특집 제목처럼 알기 쉽게 정리한다. '유명인들이 좋아하는 맛을 체험해보고 싶다'라는 인사이트라면 '작가가 사랑한 커피'의 문구가 특집 제목으로 적합하다. '작가가 앉았던 자리에 앉아보고 싶다'라는 인사이트라면 '아늑한 카페'의 문구가 적합할 것이다.

앞에서 찾은 새로운 가치를 기반으로 실제 상품을 제작한다

작가가 사랑한 커피

이번에는 '작가가 사랑한 커피'라는 가치를 선택하여
작가를 주제로 블렌드 커피를 만들었다.
작가가 마셨던 커피를 조사한 후 그에 가까운 맛을 재현했다.
상품명을 작가 이름으로 하여
'커피를 통해 작가와 만나다'라는 작가와 마주하는 방식을 새롭게 구현했다.
그에 따라 지금까지와는 전혀 다른 커피의 가치를 제안했다.

다양한 편집 사고의 유형

앞서 ❶ 인물 엮기, ❷ 장소 엮기, ❸ 시간 엮기, ❹ 비교해서 엮기, ❺ 다른 소재 엮기에 대해 제안했지만 이와 같은 편집 기법에는 기본적인 5가지 형태 외에도 다양한 유형이 있다.

가치관이나 인생관, 생활 습관에 초점을 맞춘 '라이프 스타일 엮기', 색깔이라는 시점에서 살펴본 '색깔 엮기', 언어유희에 초점을 맞춘 '언어유희 엮기' 등 여러 가지 방법을 시도해보고 자신에게 적합한 방법을 찾아본다.

그 외의 엮는 방법도 소개한다.

라이프 스타일 엮기

가치관이나 인생관,
생활 습관에 초점을 맞춘다.

색깔 엮기

색깔이라는 관점에서
살펴본다.

언어유희 엮기

사투리나 농담, 반대로
말하기 등을 떠올린다.

커뮤니티 엮기

지역의 풍습이나 사람들의
관계성을 참고한다.

⋮   ⋮

인물 엮기가 어렵다고 생각된다면
라이프 스타일, 색깔, 언어 등
다른 관점으로 바꿔서 도전해보기 바란다.
처음에는 잘 안 될 수도 있지만
반복하다 보면 자신에게 적합한 방법 혹은
마음에 드는 방법을 발견할 수 있을 것이다.

엮는 방법은 한 가지가 아니며, 조합하는 방법은 무한대다.

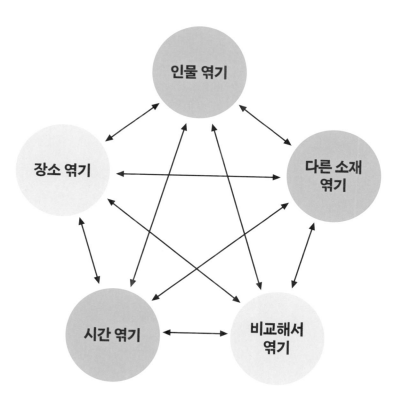

각각의 방법을 조합하여 엮는 방법을 새로 만들 수도 있다.
인물 엮기와 비교해서 엮기, 장소 엮기와 시간 엮기 등
여러 가지 조합을 시도한다.
생각지도 못한 아이디어가 나오는 경우도 있을 것이다.

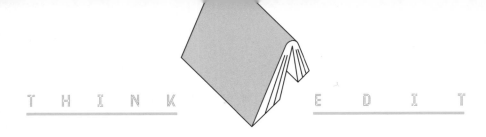
편집 사고의 기본, 즐거움

편집 사고는 에피소드에 관해 서로 이야기 나누고, 이 에피소드에서 니즈를 찾는 과정을 중시하는데, 이러한 방법이 다소 경직되어 있다고 느끼는 사람도 있을 것이다. 그러나 실제로 프로세스를 체험해보면 의외로 즐겁고 간단하다는 것을 알 수 있다.

디자인 사고 등 다른 비즈니스 방법과 편집 사고의 가장 큰 차이는 편집 사고가 무엇보다도 '편안함'을 중시한다는 것이다.

지금까지 계속 말했듯이 편집회의는 아주 자유롭고 편안한 분위기 속에서 진행된다. 모두 자유롭게 먹거나 마시고, 이야기도 여기저기서 들린다. 그래도 그런 분위기이기 때문에 어떤 이야기든 할 수 있으며, 여러 가지 아이디어를 내놓을 수 있다.

편집 사고는 편집회의를 바탕으로 만들어진 것이므로 자유롭고 편안한 분위기가 존중되어야 한다. 차나 과자를 즐기면서 자신의 취미나 체험담 등을 친구에게 털어놓는 것처럼 이야기한다는 것이 특징이다.

필자는 여러 기업의 서비스 개발과 퍼실리테이션을 담당하고 있는데, 어떤 회사든 회의할 때는 경직된 분위기가 되기 마련이다. 시간도 한정적이어서 '빨리 답을 내야 한다'는 분위기가 형성되기 때문에 잡담 또한 금물이다. 그러한 분위기 속에서 자유롭게 아이디어를 확장시키거나 제안하는 것은 어려운 일이다. '자신의 의견이 부정된다' 또는 '시간 낭비다'라고 생각하는 것만으로도 회의에 참가하기 싫어진다.

그러나 편집 사고는 참석자 모두 개인적인 시점에서 이야기하므로 대화 분위기도 고조되고 공감도 쉽게 얻을 수 있다. 카페에서 대화 분위기가 고조됐을 때 상대의 이야기를 무조건 부정하거나 짧게 말해 달라고 말하는 사람은 거의 없을 것이다. 상대의 말에 공감하거나 "그래서?"와 같이 이야기를 재촉함으로써 서로 다양한 이야기를 할 수 있게 되고, 그러다 보면 생각지 못한 아이디어가 튀어나오기도 한다.

다시 말해 편집 사고의 핵심은 '편안하게 자신의 시점에서 이야기하는 것'이다. 88쪽에 있는 그림과 같이 아이디어를 많이 끄집어내는 것이 핵심이므로 어떤 아이디어든 일단은 흔쾌히 받아들이는 것이 중요하다. 가족이나 친구와 커피 한잔하며 대화하는 감각으로 즐겁게 활용해보기 바란다.

편집 사고는 발산형 사고다.

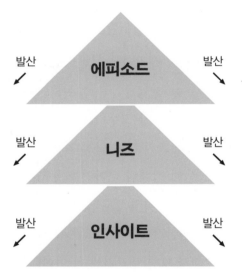

↓

특집 제목 = 새로운 가치

이처럼 편집 사고는 '자신의 에피소드를 서로 이야기하고
거기서 니즈를 추출하여 인사이트를 발견한다'는
'발산' 과정으로 구성된다.
최종적으로 아이디어를 선택한다는 수렴 과정도 있지만
인사이트까지 이끌어낸다면
그다음에는 프로젝트를 거침없이 진행해 나갈 수 있다.

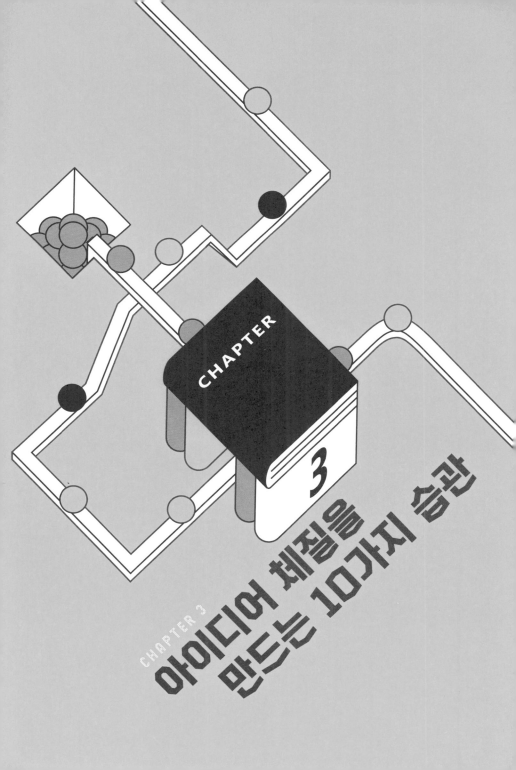

CHAPTER

3

CHAPTER 3
아이디어 체질을
만드는 10가지 습관

훈련으로 만드는 아이디어 체질

편집 사고는 지식이 있다고 해서 누구나 바로 할 수 있는 것은 아니다. 야구나 골프 등 스포츠를 좋아하고 규칙도 잘 알고 좋은 도구를 갖췄다고 해서 갑자기 실력이 늘어나는 것이 아닌 것처럼 말이다. 만족스러운 경기를 위해서는 매일 충분히 연습하고 기초 체력도 키워야 한다.

그래서 여기에서는 매일 아이디어를 생각해내야 하는 디자이너들이 평소 하는 훈련에 대해 살펴본다. 대부분의 디자이너는 아이디어를 내기 위한 특별 훈련이라고 생각하지 않고 자연스럽게 실시하는 것들이지만 여기서는 10가지로 정리해 체계적으로 소개한다.

항상 새로운 깨달음을 찾는다

우리는 일반적으로 인풋과 아웃풋의 중요성에 대해 이야기한다. 예를 들면 소설이나 영화, 그림 등을 감상한 후 그 내용을 누군가에게 말하거나 글로 적어보는 것도 이에 해당한다.

우선 모르는 무언가를 보거나 들은 후 평소와는 다른 자극을 받는 데 주목한다. 가장 좋은 것은 해외여행처럼 가본 적 없는 곳에 가보는 것이다. 낯선 문화나 생활을 접하면 새로운 관점이나 깨달음을 얻을 가능성이 높아지기 때문이다. 그러나 해외여행을 빈번히 할 수 있는 사람은 많지 않으므로 여기서는 일상적으로 간단히 실시할 수 있는 훈련과 그것을 즐기기 위한 마음가짐에 대해 살펴본다.

1___ 아이디어를 생각할 수 있는 환경과 상태

필자는 평일 아침에 가끔 조깅을 한다. 머릿속은 회사, 직원, 일에 대한 생각으로 가득하지만 생각이 위축됐을 때는 머리가 아닌 몸을 움직이는 것이 효과적이다. 적절한 운동은 뇌를 쉬게 하거나 일의 우선순위를 정리하는 데 도움이 되기 때문이다. 애플의 창업자인 스티브 잡스도 아이디어가 떠오르지 않을 때는 산책을 했다고 한다.

달리는 중에는 새로운 아이디어나 실마리가 될 만한 것이 떠오르는 경우가 많다. '그 일은 그 사람에게 물어보면 된다', '그 책을 읽으

면 생각이 확대될지도 모른다' 등과 같이 일을 해결하는 데 도움이 되는 생각도 계속해서 떠오른다. 물론 격렬한 운동은 생각이 제한되지만 적당한 산책이나 조깅은 사고 활동이 가능하다.

아이디어를 떠올릴 때는 주위 환경도 중요한데, 책상 앞에서 장시간 고민하다 보면 기분이 점점 더 가라앉아 결국 포기해버리는 경우도 있다. 이 상태로는 떠오르려던 아이디어도 사라져버릴 것이다.

달리다 보면 나무들 사이로 하늘이 보이거나 멀리 산이 희미하게 보이면서 눈앞의 경치가 점점 변해간다. 작은 새의 울음소리, 볼에 스치는 바람, 어딘가에서 퍼지는 빵 굽는 냄새 등을 느끼면서 오감 전체로 달리는 이 길을 즐기게 된다. 좋은 기분을 느끼는 것은 자신이 편안한 상태라는 증거이고, 적당히 몸을 사용하면서 편안해지면 아이디어를 떠올리는 데 최적의 상태가 된다.

'머리 이외의 신체를 적당히 사용한다', '뇌를 쉬게 한다', '편안한 상태를 만든다'라는 3가지 조건만 갖춘다면 어떤 일이든 같은 효과를 얻을 수 있다. 산책, 수영, 요가, 자전거 타기 등 자신에게 잘 맞는 운동을 찾아보자.

- 뇌를 쉬게 한다.
- 편안한 상태를 만든다.
- 적당히 생각하면서 할 수 있는 운동을 찾는다.
- 3가지를 모두 만족시키는 상태가 되면 유연한 발상이 가능해진다.

2 ___ 판단력을 기르는 방법

커피 마실 때 설탕과 우유를 넣는 것과 같이 매일 무심하게 반복하는 행동을 포함해 인간은 하루에 1,000번 정도를 판단한다고 한다. 따라서 디자이너는 모두 자신만의 판단 기준을 갖고 있어야 한다.

'판단력'이란 무엇일까? 여러분은 자신의 판단이 절대 틀리지 않았다고 단언할 수 있는가? 대답은 당연히 '아니다'이다.

원래 판단 능력은 사람에 따라 다르다. 친한 사람 10명 정도에게 마지막 만찬을 먹는다면 무엇을 먹고 싶은지 물어보자. 미슐랭 3스타 레스토랑의 음식을 먹고 싶다거나, 평소처럼 집밥을 먹고 싶다거나, 된장국에 쌀밥과 같은 검소한 식사를 하고 싶다 등 다양한 대답이 나올 것이다. 마찬가지로 어떤 꽃이 가장 예쁘다고 생각하는지 혹은 어떤 영화를 감동적으로 봤는지에 대한 질문에도 10가지 답이 돌아올 것이다.

당연한 말이지만 사고방식은 사람마다 제각각이다. 질 좋은 것, 호화로운 것뿐만 아니라 검소한 것, 그리고 언뜻 보기에 잡동사니로 보이는 것을 기쁘게 선택하는 사람도 있다. 이 모든 대답은 틀린 것이 아니다.

그러므로 제대로 된 자신만의 잣대를 갖는 것이 중요하다. 주변에 많은 의견들이 존재한다는 것을 이해한 후 그 의견에 휘둘리지 않으면서 자신의 답을 이끌어내는 것은 많은 사람들로부터 공감을 얻을 수 있는 독창적인 아이디어를 창출하는 데 반드시 필요한 요인이다.

그렇다면 판단력을 기르는 데 중요한 것은 무엇일까?

평소에 주의를 기울이는 부분은 무엇이든 집요하게 선택한다는 것이다. 예를 들어 점심식사 메뉴를 결정할 때도 '시간이 없으니 패스트푸드로 해결하자'라는 말은 하지 않는다. '저녁에 회식이 있어 점심은 가벼운 것으로 먹자', '최근 몸이 무거워졌으니 샐러드를 먹자' 등과 같이 일정이나 몸 상태를 고려해서 최적의 답을 찾아간다. 여기서 중요한 점은 선택한 이유가 있다는 것이다. '바쁘다', '귀찮다'는 이유로 적당한 것만 선택하다 보면 판단력이 나아지지 않는다.

평소에 작은 것이라도 판단하는 경험을 쌓는 것이 판단력을 향상시키는 지름길이다.

- 판단의 이유를 명확히 한다.
- 일상생활에서 나름의 고집(기준)을 갖도록 한다.
- 하루가 시작되는 아침 시간에 스스로 점심 메뉴를 정해본다.
- 비누나 칫솔 등 소소한 생필품도 나만의 기준으로 구매해본다.
- 미술관에 가서 내가 좋아하는 그림 3개를 골라본다.

3 ___ 이해력을 높이는 방법

디자이너는 어떤 일에 대해 판단한 후 '왜 그렇게 판단했는가'를 상대에게 전달해야 한다. 아무리 좋은 판단을 해도 그 이유가 '모두 그렇게 말하고 있기 때문'이라든지 '왠지 좋아 보였기 때문'이라고 하면 상대방을 납득시킬 수 없다. 상대를 진정으로 납득시키기 위해서는 자신의 말로 자신의 생각을 똑똑히 전달해야 한다.

그러나 한 마디 말로 자신의 생각을 전달하는 것은 쉽지 않다. 예를 들어 자신이 좋아하는 음식이 어떻게 맛있는지 설명할 수 있을까? 내가 맛집을 소개하는 프로그램의 리포터가 됐다고 생각하고 오늘 점심에 먹은 음식에 대해 설명해보자. 생각보다 어렵다는 것을 알 수 있을 것이다. 사실 '맛있다', '아름답다', '멋있다', '기분 좋다', '기분 나쁘다' 등과 같은 추상적인 감각은 상대방에게 설명하기 어렵다.

여기서는 그런 감각을 언어로 표현하기 위한 훈련 방법을 소개한다.

'내 생각'을 '내 말'로 전달하려면 어떻게 해야 할까? 자신의 말로 어떤 일에 대해 이야기하려면 먼저 자신이 그 일을 확실하게 이해하고 있어야 한다. 즉, 이해력이 중요하다. 효과적으로 이해력을 높이기 위해서는 이미지를 가시화하는 좋다. 자신의 이미지를 말로 설명하는 것이 아니라 사진이나 그림 등에 비유하여 생각함으로써 지금까지와는 다른 방법으로 접근할 수 있기 때문이다.

그래서 이미지를 가시화하기 위한 자료 수집을 추천한다. '맛있다', '즐겁다', '아름답다'와 같은 감정을 나라면 어떻게 표현할까? 또는 예를 들어 자신이 추진하고 있는 사업의 고객층이나 서비스의 질, 서비스를 제공하는 공간의 이미지, 브랜드 전체의 세계관 등을 만들 때 어떻게 하면 좋을까? 물론 직접 사진을 찍거나 그림을 그려도 되지만 무엇부터 시작해야 할지 모르는 경우도 많을 것이다.

자료를 수집할 때는 먼저 책장에 있는 잡지, 사진집, 일러스트, 도감 등을 모아서 훌훌 넘겨본다. 이런 책들이 없다면 대형 서점에 가서 자신이 생각하는 이미지에 가까운 내용이 들어 있는 책을 몇 권 구매하는 것도 좋다.

그런 책들을 훑어보다 보면 유독 시선을 끄는 그림들이 있는데, 그 부분에 바로 포스트잇을 붙여 표시한다.

그림들을 모은 후 모두 나란히 배치하여 차분하게 관찰해보자. 그림을 많이 모으는 것은 좋지만 너무 많아도 힘들기 때문에 처음에는 하나의 이미지당 그림 10개 정도를 기준으로 찾아본다.

그와 함께 누군가를 불러 이 그림들의 느낌에 대해 물어본다. 아이디어나 이미지를 만들어갈 때 다른 사람에게는 어떻게 보이는지, 다른 사람은 어떻게 느끼는지와 같은 객관성은 매우 중요하다. 상대의 대답을 주의 깊게 들으면서 상대방과 내가 느끼는 느낌의 공통점과 차이점에 대해 생각해보자.

이러한 작업을 반복하면 그림에 그려진 인물이나 풍경, 사용된 색에 어느 정도 유사성이 있다는 것을 알 수 있다. 그리고 그 유사성을 살펴보면 "내가 '맛있을 것 같다'고 생각한 것은 '맛이 진할 것 같다'는 의미였을까?", "내가 '아름답다'고 생각한 것은 '색이 강렬해서 예쁘다'는 의미였을까?"와 같이 자신의 감각을 말로 설명할 수 있게 된다.

말로 표현하기 어려운 감각을 가시화하는 것은 말을 찾는 단서가 되기도 한다.

자료 수집은 아이디어를 만들어내는 데도 매우 효과적이다. 아이디어를 만드는 첫 단계에는 대부분 머릿속이 짙은 안개로 덮여 있다. '이런 것이 좋겠다!'는 생각은 들지만 형태가 흐릿하며 윤곽조차 잡을 수 없다. 그런데 자료를 모으고 살펴보다 보면 새로운 발견과 깨달음을 얻을 수 있고, 만들고 싶은 것에 대한 실마리를 찾을 수 있으며 아이디어의 토대를 만들 수도 있다.

이렇게 자신의 말을 전달하거나 아이디어를 만들어내는 데는 무엇보다도 뛰어난 이해력이 중요하다. 이미지를 가시화한 후 하고자 했던 일에 대해 숙고하며 왜 그렇게 판단했는지, 왜 그렇게 생각했는지를 자신의 말로 확실히 설명할 수 있도록 노력해보자.

POINT 3

· 오늘 점심에 먹은 음식에 대해 설명해본다.

· 재미있다고 생각한 아이디어에 대해 주위 사람들은 어떻게 생각하는지 물어본다.

· 자신의 생각, 느낌과 관련된 이미지를 찾아서 가시화한다.

· 가시화한 것에서 가능한 한 많은 것들을 찾아낸다.

4___ 일상에서의 작은 실험

새로운 가치를 만드는 것은 간단한 일이 아니다. 그렇다면 새로운 것을 시작할 때 필요한 것은 무엇일까? 자료가 없으면 경쟁이나 사례도 없고 성공 가능성도 알 수 없다. 무슨 일이든지 첫발을 내디딜 때는 약간의 용기가 필요하다.

새로운 가치는 어떻게 만들어질까? 일본의 마케팅 용어 중 '프로덕트 아웃Product out'과 '마켓 인Market in'이라는 개념이 있다. '프로덕트 아웃'은 시장의 요구와 상관없이 회사나 개발자가 자신이 원하는 상품 또는 좋다고 생각하는 상품을 일방적으로 만드는 것이다. 상품 수요나 판매 방법은 상품을 만든 후에 생각한다. 이와 반대로 '마켓 인'은 사용자에 대해 미리 조사한 후 그들이 원하는 상품을 만드는 것 이다. 시장에서 수요가 있는 것을 만들기 때문에 고객에게 보다 적합한 상품을 개발할 수 있다.

프로덕트 아웃의 대표적인 예로 아이폰iPhone을 들 수 있다.

유례없는 디자인, 세세한 곳까지 반영된 스티브 잡스의 신념은 전 세계인을 놀라게 했다. 도대체 어떻게 해야 아이폰처럼 멋진 상품을 만들어낼 수 있을까? 유감스럽게도 그 방법을 체계화하는 것은 불가 능하다. 프로덕트 아웃 방식으로 만든 상품에는 개인이 가진 생각의 힘이 강하게 작용하므로 누구나 간단히 흉내 낼 수 없다.

그러나 마켓 인의 경우 시작 지점에서 '시장의 수요'라는 단서를 찾을 수 있다. 만약 이것을 발견하고 이해할 수 있다면 어떤 사람이 든 히트 상품을 만들어낼 수 있을 것이다. 그리고 그 작은 단서는 우 리가 일상적으로 생활하는 주변 곳곳에 숨어 있다. 매일 그 단서를 찾기 위해 의식적으로 노력하고 있는데, 그것은 일상 속에서 약간의 혁신Innovation을 도입하는 것과 같다고 할 수 있다.

우선 자신의 행동을 조금만 바꿔보자. 단골 라면 가게에서 그동안 먹어보지 못한 소금 라면 주문하기, 평소와 다른 길로 퇴근하기, 영 화관에서 평소 잘 앉지 않았던 맨 앞줄에 앉아보기 등과 같이 사소한 일도 상관없다.

　그러면 '소금 라면은 육수나 면의 맛이 중요하구나', '복잡하게 얽혀 있는 길 끝에서 발견한 카페가 아지트로 삼고 싶을 만큼 멋졌다', '영화관 앞줄의 시트도 리클라이너라면 인기가 있을 수 있겠다'와 같이 새로운 것을 발견하거나 깨달을 수 있을 것이다. 그러한 발견이나 깨달음은 수요의 단서를 발견할 수 있는 기폭제가 되기도 한다.

　일상을 바꾸는 체험은 소비자의 구매 욕구를 높이는 새로운 상품 및 서비스를 개발하는 데 도움이 된다. 그런데 평소와 다른 행동을 하려고 했을 때 '이 가게에 오면 간장 라면을 먹고 싶다', '길을 우회하다가 비를 맞으면 귀찮아진다', '영화관 맨 앞줄에 앉으면 목이나 어깨가 결릴 것 같다' 와 같은 생각이 떠오르지는 않았는가? 아마 이처럼 그럴듯한 변명거리를 생각하며 평소와 같이 행동하려는 사람들도 꽤 있었을 것이다.

　　　　　　　　　사람들은 대부분 자신의 기호나 생활 동선을 바꾸려고 하지 않는다. 이러한 장애물을 어떻게 넘어갈지 또는 넘게 할지에 대해 생각하는 것은 소비자의 구매 욕구를 높이는 새로운 상품 및 서비스를 개발하는 훈련이 될 수 있다.

102

브랜드나 서비스를 개발할 때만 혁신을 생각하는 것보다 항상 다양한 것들을 체험하면서 그것을 일에 활용하는 것이 훨씬 수월하다. 사소한 것이라도 좋으니 자신의 일상에서 혁신을 이끌어내보자.

POINT 4

- 평소에는 선택하지 않는 것을 과감히 선택한다.
- '시장의 수요'라는 단서를 발견하기 위해 평범한 일상에 변화를 시도한다.
- 거기서 얻은 깨달음을 어떤 일에 활용할 수 있을지 생각한다.
- 새로운 것을 선택할 때 어떻게 하면 심리적 장애를 낮출 수 있을지 생각한다.

평소와 다른 행동	새로운 생각
단골 라면집에서 평소 먹지 않았던 소금 라면을 주문해본다.	소금 라면은 육수나 면의 맛이 중요하다는 것을 깨달았다.
영화관에서 평소에 앉던 자리가 아닌 맨 앞쪽 자리에 앉아본다.	리클라이너라면 목과 어깨가 결리지 않을 수도 있다고 생각했다.
평소에 가던 길이 아닌 초행길로 퇴근해본다.	복잡하게 얽혀 있는 길 끝에서 발견한 카페가 아지트로 삼고 싶을 만큼 멋졌다.
구입한 지 얼마 되지 않은 소설을 마지막 페이지부터 읽어본다.	결말을 미리 알고 읽으니 복선이나 작가의 의도를 알 수 있어서 재미있었다. 그러나 즐길 수는 없었다.

5___ 행간을 읽는다

사업 아이디어를 발굴하기 위해서는 상상력이 필요하다. 상상력은 어떻게 단련할 수 있을까? 당연한 말이지만 상상하는 경험을 쌓는 방법밖에 없다.

흔히 '행간을 읽어라'라고 이야기하는데, 그것은 책에 기록되어 있지 않은 분위기를 상상하라는 의미다. 소설은 이야기의 모든 것을 담지 못하고, 전시회에서는 모든 정보를 전시하지 못한다.

하지만 소설 속에 그려지지 않은 것이라도 몇 가지 정보나 묘사를 통해 그 내용을 상상할 수 있다. 이야기의 무대가 외국이나 가상의 거리라고 해도 그 거리의 풍경이나 사람들이 살아가는 모습을 상상하고 떠올린다. 이것도 훌륭한 연습이다.

이것은 미술 작품을 감상할 때도 마찬가지다. 미술관에서는 우선 차분히 하나의 그림에 집중한다. 그 안에 그려진 풍경이나 인물, 표정, 행동 등을 주의 깊게 관찰하다 보면 사람들의 대화나 웃음소리까지 들려오는 것 같다. 전시회에는 그림의 제목, 작가 이름, 그림이 그려진 연대 등도 함께 게시되어 있기 때문에 그 그림이 그려진 배경을 상상해보는 것도 좋다.

'행간을 읽는다는 것'은 바로 이런 것이다. 행간을 읽는 훈련에서는 사람을 관찰하는 것이 효과적이다. 또한 자신이 아침에 일어나서 집을 나설 때까지의 행동을 일상화시켜보는 것도 좋다. 자신이나 타인의 행동을 상상하는 것은 상품 및 서비스 개발에 활용될 수 있기 때문이다.

우수한 사용자 인터페이스User Interface; UI로 만들어진 제품은 설명서를 읽지 않아도 쉽게 이용할 수 있다. 개발 단계에서 '사용자는 어떤 상황에서 이 제품을 사용하는가'에 대해 미리 예상해보았기 때문이다. 사용자의 시험과 관찰도 중요하지만 그 전에 사용 절차나 소요 시간 등까지 예측해두면 좀 더 사용자 친화적인 UI를 만들 수 있다. 사람의 행동을 아는 것은 '사람에게 기분 좋은 것'을 이해하는 것과도 연결된다.

이렇게 사람의 행동이나 소설, 그림 등을 주의 깊게 관찰하며 가능한 한 많은 정보를 모으고 상상하는 버릇을 들이자. 그러면 상상력이 강화될 뿐만 아니라 숨어 있는 다른 정보를 찾거나 떠올릴 수도 있게 된다.

손에 넣은 정보를 정리하고 싶을 때는 그 정보를 메모지에 써서 책상 위에 나열해놓는 것이 좋다. 접근 방법을 바꾸면 지금까지와는 다른 각도에서 정보를 살펴볼 수 있기 때문이다.

여기까지 읽고 의문이 생긴 사람도 있겠지만 사실 여러분도 평소에 상상력 훈련을 하고 있다. 친구나 동료와의 실없는 대화를 떠올려보자. 예를 들어 친구가 "어제 소설을 읽었어"라고 가볍게 말했을 때 여러분

은 그 친구를 보고 '저 친구는 유행에
민감하니까 베스트셀러인 그 책을 읽
었을 것이다', '졸린 것 같은 모습을 보니 밤
새 읽었을 것이다', '밤을 새웠을 정도니 분명히 재미
있었을 것이다'라고 다양한 내용을 상상할 수 있다. 그리고 그 정보를
염두에 두고 다음에 이어질 대화 거리를 찾을 수도 있다.

대화의 분위기를 읽는 것은 이야기의 행간을 읽는 것과 비슷하다.
일상적인 대화도 신경 쓰면서 상상력을 발휘해보자.

POINT 5

- 대상을 관찰하고 질 좋은 정보를 모으자.
- 모은 정보를 단서로 다양한 상상의 나래를 펼치자.
- 모은 정보를 메모지에 써서 나열해보자.
- 모은 정보를 활용해서 그림이나 소설에 숨어 있는 것을 찾아보자.
- 일상적인 대화에서도 행간을 읽도록 신경 쓰자.

6___ 모아서 엮는다

'모아서 엮는다'는 바로 이 책의 주제인 편집 사고를 말한다.

한 학교의 워크숍 강의를 맡은 적이 있는데, 그 강의에서 자신이
좋아하는 물건이나 일을 30개 이상 생각한 후 잡지 기사를 기획해보
라는 과제를 냈었다.

필자가 그 숙제를 받았다면 뉴욕, 부르고뉴 와인, 임스 체어Eames

Chair, 서핑, 헤인즈hanes 티셔츠, 예술, 무라카미 하루키, 오래된 것, 심플한 것 등을 선택했을 것이다. 그리고 그 중에서 특집을 기획한다면 뉴욕과 서핑, 아트가 적절하다고 생각했을 것이다. 뉴욕은 예술의 도시고 근처에 몬탁Montauk* 과 같이 서핑을 즐길 수 있는 곳도 있기 때문이다. 특집 내용으로는 뉴욕의 예술과 서핑을 개별적으로 살펴보거나 서핑 보드에 그림 그리는 것을 소개할 수도 있고, 예술가 겸 서퍼인 사람을 찾아서 라이프 스타일을 소개할 수도 있다.

자신이 좋아하는 것을 바탕으로 만들기 때문에 당연히 흥미로운 내용이 될 수밖에 없다. 이 내용을 본 독자는 뉴욕에서 새롭게 즐기는 방법을 발견할 수 있다. 또한 뉴욕·예술·서핑이라는 세 개의 키워드를 조합했으므로 '여행'이라는 공통 콘텐츠도 발견할 수 있다.

이처럼 한 가지 일이나 물건에도 많은 콘텐츠가 존재한다. 그 콘텐츠를 어떻게 이끌어내는가에 따라 느낌도 달라진다.

스타벅스를 예로 들어보자. 필자는 스타벅스가 카페가 아닌 '서드 플레이스'라는 콘텐츠를 내세워 성공했다고 생각한다. 일본 커피 업계에서 스타벅스는 후발주자다. 당시 일본에는 개인이 운영하는 카페가 많았고, 체인점으로는 도토루 커피 등이 유명했다. 스타벅스를 포함해 거리의 카페나 도토루는 모두 '휴식하는 공간'이므로 콘텐츠 자체에는 큰 차이가 없어 보였다. 그렇다면 스타벅스와 다른 카페의

*역자 주 미국 롱아일랜드에 있는 지역이며 유명한 관광지로 알려져 있다.

차이점은 무엇이었을까?

우선 스타벅스에는 서비스 매뉴얼이 없는데, 이를 통해 직원의 개성을 끌어내고 직원과 고객 사이에 기분 좋은 거리감을 만들 수 있었다. 또한 세련된 음악과 편안한 의자를 제공함으로써 마치 친구 집에 있는 것처럼 편안한 공간을 선사했다. 매장 내에는 와이파이와 충전할 수 있는 곳이 준비되어 일하거나 공부하기가 더 편리해졌다. 스타벅스는 '카페·친절한 고객 응대·일이나 공부가 가능한 곳'이라는 3가지 가치를 조합하여 '집도 직장도 아닌 제3의 아지트'라는 새로운 가치를 만들어냈다.

이와 같이 몇 가지 키워드를 조합하면 새로운 아이디어나 가치를 발견할 수 있다. 그렇게 발견한 새로운 가치에 맞춰 서비스와 인테리어, 시설 등을 함께 고민한다면 그 효과는 배가 될 것이다.

> **POINT 6**
> • 기존 개념에 얽매이지 말고 여러 가지를 조합해본다.
> • 조합한 것을 가지고 잡지 기사를 기획한다.
> • 한 가지 일이나 물건에서 여러 콘텐츠를 찾아보자.

7 ___ 360도 시점

아이디어를 생각할 때 가장 중요한 것은 상상력이다. 상상력을 키우는 방법은 '5. 행간을 읽는다' 부분에서 다루었으므로 여기서는 상상력을 발휘하는 방법에 대해 알아본다.

상상력을 발휘하기 위해서는 먼저 사고를 해방시켜야 한다. 즉, 제한을 없애는 것이 중요하다. 유일한 가치를 만들었을 때 '최고의 아이디어로 꼭 성공하자'라고 생각하는 사람이 많을 것이다. 그러나 이것은 좋지 않은 예다. 몸에 힘이 너무 들어가서 본래의 힘을 발휘할 수 없기 때문이다. 이것은 스포츠도 마찬가지다. 야구든 골프든 '멀리 쳐주겠다', '날려주겠다'라고 생각하면 몸에 힘이 너무 들어가기 때문에 깔끔한 타구가 나오기 어렵다.

그렇다면 몸에서 힘을 빼고 제한을 없애기 위해서는 어떻게 해야할까? 필자가 자주 사용하는 방법은 플랜 A, 플랜 B와 같이 두 가지를 생각하는 것이다.

플랜 A에서는 '봄 하면 벚꽃', '여름 하면 푸른 바다'와 같이 쉬운 것을 떠올린다. 누구든지 한 번쯤 생각할 만한, 실패가 적은 플랜이다. 그리고 플랜 B에서는 플랜 A에서 떠올렸던 것과 완전히 반대되는 것을 선택하거나 정해진 제목 또는 예산 등은 무시하고 자신이 정말로 필요하다고 생각하는 것을 마음대로 생각해본다.

즉, 플랜 A는 디자인 용지에 정성껏 그린 스케치고, 플랜 B는 노트나 메모장에 아무렇게나 그린 스케치라고 할 수 있다. 플랜 B는 실패해도 상관없으므로 어떤 생각이든 자유롭게 그릴 수 있다. 플랜 B는 프로젝트를 시작할 때나 아이디어가 막혔을 때 셀프 브레인스토밍하는 데도 효과적이다. 플랜 A와 플랜 B를 융합해 새로운 아이디어로 만들 수도 있고, 플랜 B가 플랜 A보다 좋은 아이디어로 뽑힐 수도 있다.

플랜 B를 만들 때는 몸에서 힘을 빼고 생각을 제한하지 않는다. 아이디어는 앞쪽뿐 아니라 360도 어느 방향에나 있을 수 있다. 상상력을 제한하지 말고 시야를 넓혀가며 새로운 아이디어를 끌어내보자.

POINT 7
- 제한 없이 생각한다.
- 플랜 A와 정반대인 플랜 B를 생각해본다.
- 플랜 A와 플랜 B를 융합해본다.

8 ___ 작위와 무작위

우리가 하는 일 중 하나는 상품, 서비스와 관련된 소비자의 구매 욕구를 어떻게 높일지 생각하는 것이다. 즉, 판매원 대신 소비자에게 '사주세요'라고 호소하는 일이라고 할 수 있다.

그러나 너무 과장하면 소비자로부터 냉랭한 반응을 얻게 된다. 음식 맛이 좋은 음식점, 예쁜 옷이 많은 옷가게라도 판매원이 너무 집요하면 소비자로부터 외면당한다. 대부분의 사람들은 '당신을 이렇게

하겠다'라는 태도에 무의식적으로 거부 반
응을 보인다.

　예를 들어 몸이 불편한 개그맨의 개그
를 보고 분위기가 급격히 어색해진 경
험이 있을 것이다. 개그맨의 '웃게 하
겠다'라는 마음이 보일수록 객석
은 점점 냉랭해진다. 그런데 평소 성실했던
동료가 갑자기 넘어지는 것을 보고 웃어버린 적은 없는가? 웃으면
안 된다고 생각할수록 웃음을 참기 어려우며, 상대방이 성실한 사람
일수록 재미있게 느껴진다.

　필자는 젊었을 때 그래픽 디자인에 빠져서 매일 방대한 양의 디자
인을 보거나 자료를 모으고 전시회에 가곤 했다. 그 반작용 때문인지
언젠가부터 디자인된 것이나 너무 세련된 것은 보기 싫어졌다.

　그중에서도 멋진 디자인이나 세련된 디자인으로 만들겠다는 의도
로 디자인된 것이 유난히 싫었는데, 그런 식의 디자인 의도가 파악되
면 기분까지 가라앉아 버렸다. 이것은 광고도 마찬가지다. 따라서 디
자이너는 '사주세요', '먹어주세요'와 같은 내용을 의식적으로 숨길 필
요가 있다. 물론 어떤 상품이든 판매하고 싶다는 생각이 근저에 깔려
있으므로 그것을 완벽하게 숨기는 것은 불가능하다. 그러나 그 표현
이 상대에게 강요처럼 보이지 않는지는 특별히 신경 쓸 필요가 있다.

　필자가 강사로 있는 디자인 학교의 학생들이 다음과 같은 이야기를

해준 적이 있다. "봄철에 이 동네에 있는 역에서 벚꽃을 주제로 광고한 것을 봤는데 아주 멋졌어요. 역 안쪽이 온통 분홍빛으로 물들어서 봄기운을 느낄 수 있었죠. 자세히 보면 광고라는 것을 알 수 있었지만 거부감이 전혀 들지 않았고 공부하는 데에도 매일 동기를 부여해주었습니다."

그 말을 듣고 '역시 그렇구나'라고 생각했다. 그것이 바로 '작위적으로 무작위를 만든다'를 실현한 디자이너의 작업이었기 때문이다. 그 디자이너의 작업은 매우 훌륭했고, 광고임에도 광고라고 생각되지 않는 부분이 멋지다고 느낀 학생의 시점도 훌륭했다.

'나는 왜 그것을 좋다고 생각하는가'라는 부분에 대해 사고하는 것은 작위적으로 무작위를 만드는 첫걸음이다. 내가 왜 이 식당에 들어왔는지, 왜 이 광고를 인정했는지 등을 생각한 후 상품이나 서비스 개발과 연결해본다.

POINT 8

· 소비자로서 행동하는 자신의 모습을 기억한다.

· 작위적으로 무작위를 만든다.

· 작위적인 것이 강요되지 않도록 주의한다.

9___ 정보를 수집하는 방법

하늘은 파랗다. 꽃은 예쁘다. 정말 그럴까?

하늘의 색깔은 계절과 날씨, 시간에 따라 차이가 있다. 바다처럼 투명한 파란색일 때도 있고, 회색빛이 섞인 파란색일 때도 있다. 그리고 꽃 중에는 무섭게 생기거나 괴상하게 생긴 것도 있다.

우리는 일상 속에서 이처럼 사소한 것을 무심코 간과하는 경향이 있다. 머릿속에서 마음대로 해석한 후 사고를 멈춰 버리는 경우도 많다.

편집 사고는 관찰을 통해 많은 정보를 발견하는 것이 중요하다. 보고 있는 것 같지만 사실은 보고 있지 않은 우리 주변을 의식적으로 차분히 관찰해야 한다.

예를 들어 잡지는 연령층에 따라 본문 글자의 크기가 다르다. 남녀노소 모두 읽는 신문이나 기내용 잡지 등에는 큰 글자를 사용하고, 젊은 사람들이 주로 읽는 패션 잡지에는 대부분 그보다 작은 글자를 사용한다. 그러나 잡지를 읽을 때 글자 크기까지 신경 쓰면서 읽는 사람은 별로 없을 것이다. 우리는 그 정도로 주변의 것들을 소홀하게 생각한다.

예전에 미술 대학에 입학하기 위해 데생 위주의 입시 미술을 공부한 적이 있다. 매일 같은 주제만 그리는 것 같아도 그 주제의 위치나 높이, 빛의 상태에 따라 전혀 다른 느낌이 된다는 것을 그때 깨달았다. 그 당시 학원 선생님께 나중에 디자이너가 되면 데생 스킬이 도움이 되는지 물어봤다. 그러자 선생님은 직접 연관이 있는 것은

아니지만 앞으로 일을 계속하는 데 도움이 될 것이라고 말씀하셨다. 당시에는 그냥 '그런가 보다'라고 생각했지만 일을 하면서 그 말이 어떤 의미인지 확실히 알 수 있었다. 예를 들어 예전에 꽃병을 주제로 데생하면서 꽃병에 조그맣게 깨진 부분이 있다는 것을 발견했다. 그래서 그 부분을 자세히 관찰한 후 그대로 그림을 그렸는데, 현실감이 더해져 보는 사람의 상상력을 자극시키는 듯한 그림을 완성할 수 있었다.

이처럼 사실적인 정보나 이야기는 디자인을 활용하는 사업 개발, 커뮤니케이션 개발 등에서 핵심이 된다. 그리고 이러한 개성을 놓치지 않기 위해서는 우리 주변을 주의 깊게 관찰하고 매일 그 해상도를 높여 가는 것이 무엇보다도 중요하다.

POINT 9

• 매일 변화되는 것의 차이를 깨닫기 위해 매일 같은 것을 관찰한다. (예 하늘, 내 글씨)

• 메모 한쪽에 연필로 단순한 그림을 그려 함께 메모한다. (예 펜, 사과, 손, 물)

• 일상적인 주변의 모습, 특히 자연의 모습을 자주 살펴본다. (예 나무, 흙, 하늘)

• 그림을 잘 그리지 못하는 사람은 관찰하며 살펴본 정보를 문자로 기록한다.

10___ 활발한 회의

우리가 평소 회의하는 모습을 살펴보면 몇몇 사람만 적극적으로 발언하고 그 외의 사람은 가만히 앉아 있는 경우가 대부분이다. 참가자 전원이 활발하게 참여할 수 있는 회의는 거의 없다. 그러나 필자의 회사에서는 모든 사람이 회의에 참여하는데, 그 방법은 바로 참석자들에게 역할을 부여하는 것이다.

우선 회의에 참석하는 사람들을 4인 1조로 나눈 후 각각 인터뷰어, 인터뷰이, 서기, 참관인 역할을 맡게 한다. 큰 회의라면 4인 2조나 4인 3조를 만들어도 되고, 4로 나눠지지 않으면 서기를 빼고 3인 1조로 만들어도 된다. 그리고 5~10분 정도의 길지 않은 간격으로 서로 역할을 바꿔가며 참석자가 모든 역할을 한 번씩 맡을 수 있게 한다.

다음은 의제를 결정한다. 여기서는 '선물을 준 경험'이라는 의제가 나왔다고 가정한다. 이와 함께 인터뷰어가 제한 시간을 설정한다. 대략

5분 정도로 정한다. 인터뷰어는 인터뷰이에 대해 생각나는 대로 질문하고, 인터뷰이는 질문에 신중하게 대답한다. 서기 역할을 하는 사람은 그 내용을 메모장이나 노트에 기록한다. 참관인은 '인터뷰어가 제대로 질문하고 있는가', '인터뷰이는 질문에 제대로 대답하고 있는가', '서기는 확실히 기록하고 있는가'와 같은 3가지 사항을 주의 깊게 살펴본다. 만약 제대로 실행되지 않으면 지적한 후 다시 진행시킨다.

각각의 역할을 바꿔가며 총 네 번 반복한다. 회의에는 모두 동등하게 참가하며 자신의 차례가 되면 각각의 역할에 맞게 행동한다. 자신이 참관인일 때 인터뷰어의 질문을 듣다 보면 '이 질문은 편향되어 있다'와 같이 객관적인 부분을 발견할 수 있어 '내 차례가 되면 이렇게 해야겠다'라는 생각도 하게 된다.

그리고 한 번 인터뷰하는 시간을 5~10분 정도로 짧게 하는 것도 중요하다. 깊이 생각하지 않고 가볍게 발언할 수 있기 때문에 이야기를 편하게 주고받을 수 있다. 여기서 핵심은 참석자 모두에게 각각 역할을 부여하고, 연속해서 역할을 바꿔 가는 것이다.

다음은 서기의 기록에서 키워드를 추출한 후 다 같이 공유한다. 그리고 그 키워드에서 보이는 요구를 고려하여 모든 참석자가 포스트잇을 붙여 나간다. 예를 들어 키워드가 '선물로 어떤 것을 선택해야 할지 고민이다'라면 A씨는 '누군가에게 상담한다'라고 쓴 포스트잇을 붙인다. 이어서 B씨는 '천천히 상담할 수 있는 시간'이라고 쓴 포스트잇을, C씨는 '아늑한 카페'라고 쓴 포스트잇을 붙인다. 물론 답은 사람마다 다르겠지만 진행 방식은 대략 이러한 느낌이다.

여기서 중요한 점은 방금 전의 그룹 미팅과 같이 리드미컬하게 진행해야 한다는 것이다. 연상 게임이나 끝말잇기 등을 염두에 두고 놀이한다는 느낌으로 참가하자. 정확도에 너무 집착하면 '좋은 의견을 내야 한다'라는 생각에 긴장하게 되고, 결국 의견을 떠올리는 데 제동이 걸릴 수 있다. 이 방법은 여러 의견이나 생각 등의 정보를 모으는 데 효과적이다.

POINT 10

• 참가자 전원에게 역할을 부여한다.
• 흐름을 중요시하고 심리적 압박을 없앤다.

THINK EDIT

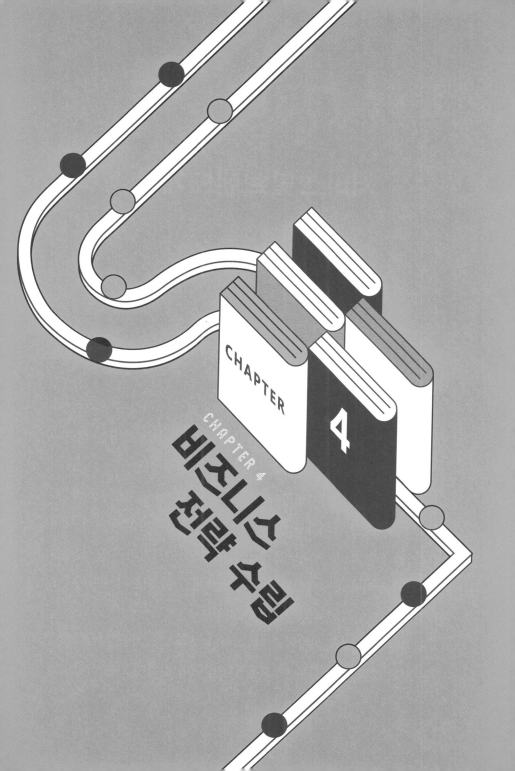

CHAPTER

4

CHAPTER 4
비즈니스
정략 수립

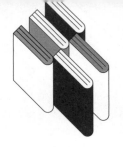

서비스 및 브랜드 개발

앞의 2장에서는 서비스나 상품을 개발하기 위해 아이디어를 찾는 방법을 소개했다.

좋은 아이디어를 발견해도 거기에 캐릭터를 부여하지 않으면 시장에서 알아주지 않는 경우가 많다. 새로 태어난 아이디어를 캐릭터로 성장시켜가는 것은 브랜드를 만드는 것과 비슷하다.

'디자인'이라는 말은 '멋있다', '아름답다'와 같이 겉으로 보이는 부분에 대해서만 언급되기도 하는데, 사실 캐릭터 디자인은 성격 등의 내면적인 부분과 그 캐릭터를 둘러싼 상황에 이르기까지 모든 것을 설계하는 것이라고 생각한다. 즉, 그 캐릭터가 타고난 자질(아이디어)을 이해하고, 인격(캐릭터)을 키우는 것이다.

필자는 고객에게 이야기할 때 회사나 브랜드를 자주 의인화하여 질문한다. 예를 들어 같은 반 친구였다면 어떤 위치에 있는 사람이었을까? 운동을 좋아하는 인기가 많은 사람인지, 항상 주변에 많은 사람들이 모이는 재미있는 사람인지, 공부를 잘해서 어른들로부터 신뢰 받는 학생회장 유형인지, 목소리는 어떤지, 청결한 편인지, 글씨를 어떻게 쓰는지, 형제가 있는지, 성별은 무엇인지 등과 같이 많은 것을 상상하며 이야기한다.

여기서는 2장에서 소개한 방법을 활용하여 캐릭터를 만들어가는 두 가지 사례를 구체적으로 소개한다. 하나는 실제 클라이언트 업무인 신규 브랜드 개발 사례이고, 또 하나는 회사에서 실제로 진행한 디자인 워크숍을 통해 만든 가공의 서비스다.

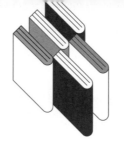
단팥빵 브랜드 'SIZUYAPAN'

처음으로 소개할 제품은 교토의 전통 빵집인 시즈야志津屋에서 탄생한 'SIZUYAPAN'의 사례다. 프로젝트 진행 상황을 대략적으로 정리하면 다음과 같다.

❶ **[시작]** 프로젝트 내용을 정리하고 목적을 명확히 한다.

❷ **[디자인 콘셉트 구상]** 시즈야, SIZUYAPAN의 이미지와 관련된 단어를 추출한다. 이러한 이미지를 조합하여 디자인 콘셉트를 구상한다.

❸ **[스토리 설정]** 브랜드에 얽힌 가공의 스토리를 구상함으로써 브랜드를 더 질서 있고 탄탄하게 만든다.

❹ **[비주얼 커뮤니케이션 제작]** ❷번과 ❸번 이미지를 바탕으로 디자인 토대를 만든다. 가문, 족자 등 일본의 전통 이미지를 디자인에

적용하여 이 상품의 디자인 콘셉트인 '전통'과 '혁신'을 전달한다.

❷번에서는 시즈야, SIZUYAPAN 이미지와 관련된 단어를 추출했다. 추출한 단어를 범주화, 집약화하면서 브랜드의 핵심이 되는 단어 하나를 도출한 후 디자인 콘셉트를 구상했다.

❸번에서는 브랜드를 더 질서 있고 탄탄하게 만들기 위해 스토리를 설정했다. 이러한 스토리는 비주얼 커뮤니케이션Visual communication*을 설정할 때도 도움이 된다. 여기서는 각 단팥빵에 들어가는 팥소의 특징을 일본 혈통에 비유하면서 이를 나타내는 가문을 설정했다.

❹번에서는 사진이나 일러스트 등 디자인에 참고가 될 만한 자료를 모았다. 다양한 자료를 출력하면서 생각의 제한을 쉽게 없앨 수 있도록 했다.

다음은 시각적인 자료와 함께 실제 순서를 설명한다.

---

*역자 주 문자가 아닌 영상, 사진, 그래픽 디자인 등의 시각적 수단으로 정보를 전달하는 일이나 이를 위한 표현을 말한다.

시작

처음에는 프로젝트의 내용을 정리하고 목적을 명확하게 했다. 이번 과제는 노포 빵집의 자매 브랜드를 만드는 것이었다.

키워드 추출

카르네*	교토	고품질	맛있음	따끈따끈함	종류가 많음
재료에 대한 신념	친숙함	바로 만든	남녀노소	밝은 분위기	생활의 일부
파란색	서민적	고객 응대	편리함	안전, 안심	간편함
매월 신상품	전통	대중적	명물	노포	건강

시즈야의 특징을 떠올리면서 단어를 적어봤다. '대중적', '친절한 고객 응대', '매월 신상품' 등과 같이 짧은 단어로 나눠 나열했다.

*역자 주 일본의 전통 빵집인 시즈야에서 판매하는 빵의 한 종류

범주화·집약화한다 · 1

PHILOSOPHY

교토	전통
건강	안전, 안심
재료에 대한 신념	파란색
맛있음	바로 만든

SERVICE

간편함	고객 응대
매월 신상품	남녀노소
종류가 많음	편리함
생활의 일부	고품질

APPEARANCE

서민적	친숙함
노포	따끈따끈함
대중적	명물
밝은 분위기	카르네

다음에는 브랜드의 핵심 카테고리를 만들고 각 카테고리에 관련 단어를 적었다. 여기서는 위와 같이 3가지로 집약했다.

범주화·집약화한다 · 2

PHILOSOPHY

⬇

맛을 중시하고 교토에서 탄생했다.

·

SERVICE + APPEARANCE

⬇

모두에게 사랑받는 친숙한 노포 빵집

알기 쉽게 카테고리별로 문안을 생각한다. Philosophy는 품질, Service와 Appearance는 친근감을 나타내는 단어를 사용한다.

디자인 콘셉트를 구상한다 · 1

맛을 중시하고 교토에서 탄생했다.
모두에게 사랑받는 친숙한 노포 빵집

⬇

맛을 중시하고 교토에서 탄생했다.

?

문안을 기초로 콘셉트를 구상한다. 시즈야라서 가능한 부분을 중요시했기 때문에
'맛을 중시하고 교토에서 탄생했다'를 그대로 채용했다.

디자인 콘셉트를 구상한다 · 2

더 접근하고 싶은 키워드

교토   차별화   선물 수요

시즈야와 SIZUYAPAN의 차별화를 명확하게 하는 3가지 포인트를 정하고, 이를 접근
키워드로 설정했다.

디자인 콘셉트를 구상한다 · 3

		차별화	**선물 수요**		
트렌드	급진적	특별함	그리움	안심	친절
디자인	혁신	간결함	어른	독특함	내구성
중후함	현대적	세련됨	인바운드*	선택 가능	보기 좋음
장식	개성	고급스러움	사회적 지위	형식적	부가가치

각각의 접근 단어를 해체하여 그 속에 포함된 특징이나 포인트를 단어로 만든다.
여기서는 차별화와 선물 수요를 해체했다.

디자인 콘셉트를 구상한다 · 4

맛을 중시하며 교토에서 탄생한

> 추억이 깃든 현대식 어른의 빵집

전통과 혁신

'차별화'와 '선물 수요'라는 단어가 갖는 이미지에서 공통적인 것을 모아 '추억이 깃든
현대식 어른의 빵집'이라는 하나의 문장을 만들었다.

---

*역자 주 여행 업계 용어로, 외국인이 국내에서 여행하는 것을 의미한다.

스토리를 설정한다 · 1

"

빵 만들기가 유행인 교토의 한 마을 시즈무라.
그 곳에는 맛있다고 소문난 빵집이 여러 곳 있다.
맛으로 이름 난 가게들이 각각 최고의 상품을 만드는
교토의 대표 브랜드

"

브랜드를 더 탄탄하게 하기 위해 가공의 이야기를 설정했다. 팥소의 산지나 제조하는 곳에도 차이가 있다는 점을 일본의 혈통과 비유해 어필했다.

스토리를 설정한다 · 2

'시즈志津 마을'이라는 가공의 마을 이야기를 만든 후 이 마을의 지도를 제작해서 비주얼 커뮤니케이션을 나타냈다.

스토리를 설정한다 · 3

'팥빵마다 가문이 있다면 교토답다는 것을 어필할 수 있지 않을까'라는 생각에서
빵마다 가문을 설정했다.

디자인의 틀을 만든다

완성된 이야기를 바탕으로 디자인의 틀을 만들었다. 현대적인 교토의 이미지를 찾기
위해 관련 자료를 수집했다.

비주얼 커뮤니케이션 · 조형

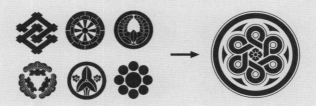

마지막으로 지금까지의 콘셉트를 '조형(그래픽)', '구조(만들기)', '색채', '상품'의 4가지 사고방식에 적용했다.

비주얼 커뮤니케이션 · 구조

구조는 족자 이미지를 선택했다. 족자 형태의 세로로 긴 박스에 구문을 사용한 라벨을 붙여 현대적인 이미지로 바꿨다.

비주얼 커뮤니케이션 · 색채

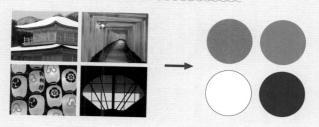

색채는 금각사(金閣寺)*나 토리이(鳥居)** 같은 교토의 이미지로 나타냈다. 이것을 반영한 금색과 빨간색에 흰색과 검은색을 더해 4가지 색으로 브랜드를 관리하도록 했다.

비주얼 커뮤니케이션 · 상품

상품은 SIZUYAPAN의 핵심 키워드인 '추억이 깃든 현대식 어른의 빵집'을 실현하기 위해 사이즈를 작게 만들어 세련미가 느껴지도록 했다.

---

*역자 주 일본 교토의 기타야마(北山)에 위치한 사찰로, 원래 이름은 로쿠온지(鹿苑寺)이지만, '킨카쿠지(金閣寺)'라는 이름으로 더 많이 알려져 있다.
**역자 주 일반적으로 신사 입구에 세워져 있는 일본의 전통적인 기둥 문

로고

SIZUYAPAN의 로고에는 '시즈마을'을 이미지화한 가공의 가문 문양을 넣었다. 원형 내에 있는 6개의 동그라미는 런칭 때 발표한 6가지 상품의 가문을 나타내는데, 상품 이나 가문 하나하나에 규칙성을 부여했다. '술지게미로 만든 반죽이면 동그라미 주위를 점으로 한다', '말차로 만든 반죽이면 동그라미 주위에 잎을 붙인다', '팥을 걸러서 사용하면 동그라미 안쪽을 100% 먹색으로 한다' 등과 같은 룰을 설정했으며, 이는 세계관에 통일성을 부여했다.

패키지

패키지 소재는 수공예품에 가까운 종이를 선택했고 손에 쥐었을 때의 따뜻함을 중시
했다. 또 패키지에 직접 라벨을 붙여 구성이 추가되더라도 낮은 비용으로 가능하도록
했다.

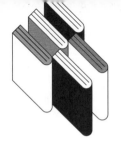

가공의 '소아 치과' 서비스 개발

다음으로는 같은 방법을 사용해 지금까지와는 전혀 다른 시점의 신규 서비스를 개발할 수 있다는 사실을 살펴보자. 이 과정은 회사의 젊은 디자이너들을 위해 개최한 워크숍에서 진행됐는데, 이 워크숍은 실제로 디자이너가 제안한 것이었다. 주제는 '지금까지 볼 수 없었던 서비스를 제공하는 치과를 디자인한다'였다.

먼저 가공 클라이언트를 만든 후 구체적인 신규 서비스에 대해 생각했다. 대상 클라이언트는 치과를 새로 개업하려는 젊은 치과 의사였고, 이 클라이언트는 '다른 소아 치과들과 차별화하기 위해 다른 곳에는 없으며 아이가 가고 싶어 하는 디자인의 소아 치과를 만들고 싶다'라는 요구를 전달했다.

그리고 디자이너는 새로운 서비스에 맞춰 병원 디자인부터 기업 (병원) 이미지를 부각시킬 수 있는 디자인까지 만들도록 제안을 받았다. 그 결과 141쪽과 같이 제안하게 되었다.

치과 이용자들을 인터뷰해보니 아이들은 치과에 가고 싶어 하지 않는다는 것을 알 수 있었다. 그 외에도 시장 조사와 해외 사례 조사 등 많은 정보를 수집했다. 잡지 편집회의처럼 우선 생생한 자료를 많이 수집하는 것이 중요했기 때문에 일단 자료를 충분히 수집한 후 그 내용을 바탕으로 현재 상황과 잠재적 과제에 대해 고민했고, 그 결과 '예방 치과'라는 생각을 도출할 수 있었다.

또한 앞부분에 나온 SIZUYAPAN과 같이 다양한 키워드를 바탕으로 콘셉트를 만들고 디자인 콘셉트를 '학교'로 정한 후 다양한 툴의 디자인에 적용했다. 그 사고의 과정과 제안 내용을 먼저 살펴보자.

느낌을 파악한다

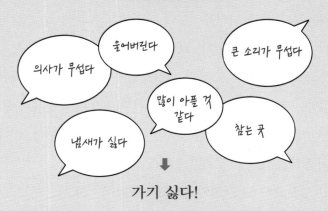

우선 아이들을 인터뷰하여 치과 의사에 대한 느낌을 확인했다. 그러자 '가기 싫다'라는 의견이 많다는 것을 알게 되었다.

과제를 파악한다 · 1

겉보기에는 '재미있을 것 같다', '귀엽다'라고 느껴지지만
결국에는 '충치를 치료하는 병원'이다.

아프고 무섭다는 생각이 든다.

'가기 싫다'라는 아이들의 생각은 해결되지 않는다!

전국의 치과 의사들이 이와 관련해 다양한 연구를 진행하고 있다는 사실도 조사를 통해 알 수 있었다. 그러나 결국 '충치를 치료하는 병원'이라는 치과 의사의 본질은 같았다.

과제를 파악한다 · 2

'뻔히 보이는 거짓말'을 활용한다   '왜 자야 하는지'를 이해시킨다

자신의 의지로 행동하는 것이 이상적이다!

아이들에게 치과에 가게 된 계기를 물어보니 '치과에 가지 않으면 더 많이 아파질 것'이라는 부모의 설득 때문에 치과에 갔다는 대답이 대부분이었다.

과제를 파악한다 · 3

충치가 있는 아이들의 비율

일본과 북유럽을 비교해보니 충치가 있는 아이들의 비율이 많이 달랐다.

➡ 아이의 충치를 예방하고 있다!

핀란드는 충치가 있는 아이들이 일본에 비해 50%나 적은데, 그 요인은 충치 예방에 노력을 기울이고 있기 때문인 것으로 나타났다.

디자인 콘셉트를 작성한다 · 1

치료가 아프고 무서워서 가기 싫다.

⬇

아예 충치가 생기지 않게 한다.
이때 치과 의사가 필요하지 않을까?

⬇

'예방 치과' 중심의 소아 치과

충치가 생기지 않도록 하기 위해 치과에 다니는 '예방 치과'라면 치료하면서 아프다고
생각하는 아이들이 줄어들 것이라는 가설을 세웠다.

디자인 콘셉트를 작성한다 · 2

올바른 지식과 습관,
정기적인 검진이 필요하다.

⬇

정확히 이해함

치과에 다니는 것이
힘들지 않도록
연구함

무서움을 달래는 것보다
왜 필요한지 이해시키고
자신의 의지로 예방하도록 하는 것이 이상적이다.

충치 예방에 필요한 것은 올바른 지식과 습관, 정기적인 검진이다. 아이가 즐겁게
치과에 다닐 수 있게 하는, 즉 치과에 가는 것을 무서워하지 않게 하는 방법을 연구
해야 한다.

디자인 콘셉트를 작성한다 · 3

발견한 키워드

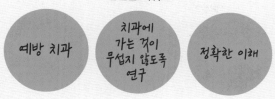

이렇게 해서 '예방 치과', '치과에 가는 것이 무섭지 않다', '정확한 이해'라는 3가지 키워드를 찾을 수 있었다.

디자인 콘셉트를 구상한다

학교처럼
'충치가 생기는 이유 학습하기'와 같은
'예방'에 초점을 맞춘 치과

그렇게 해서 나온 답이 학교 스타일로 '충치가 생기는 이유 학습하기'와 같이 '예방'에 초점을 맞춘 치과였다.

디자인 콘셉트를 작성한다 · 1

학교

- ☑ 대상 연령은 3~12세
- ☑ '학교'와 비슷하며 온기가 있는 공간 디자인
- ☑ 새로운 커뮤니케이션 공간으로

여기서는 디자인에 필요한 목표를 설정하고, 과제를 해결하기 위한 디자인의 색감과 기법을 설정한다.*

디자인 콘셉트를 작성한다 · 2

학교에서 치아에 대해 올바른 지식을 배우면
충치를 예방하는 데 도움이 된다.

치료로 인한 통증을 느끼지 않으므로
치과에 가는 것이 힘들지 않게 된다.

'아이가 가고 싶어 하는 유일한 예방 치과'가 된다.

일반적인 치과와 전혀 다르고 다른 곳에는 없으며 아이가 가고 싶어 하는 '예방 치과'
라는 콘셉트가 완성되었다.

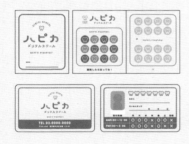

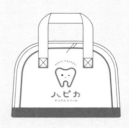

치과 이름은 '하피카 덴탈 스쿨'이라고 했다. 치아를 모티브로 하는 귀여운 캐릭터도
만들어서 아이들에게 친근하게 다가갈 수 있도록 했다. 가방에도 디자인을 적용시키는
등 치과에 쉽게 올 수 있는 방법을 모색했다.

---

*역자 주 일본어 피카피카(ぴかぴか)는 광택이 나거나 순간적으로 반복해서 강하게 빛나는 모양을 의
미한다(참고자료: 네이버 일본어사전).

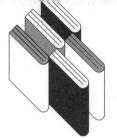
자유로운 발상을 위해서는

앞에서 만든 것을 보면 어쩐지 새로운 서비스가 너무 순조롭게 만들어진 것 같다. 그러나 실제로는 몇 명의 팀이 출산의 고통을 겪으며 열흘 이상 걸려 만들어낸 결과물이다.

이 과정에서 가급적 논의를 즐기며 자유로운 발상을 이끌어내기 위해 필요한 것이 있다. 다음은 새로운 서비스를 제안하기 위한 워크숍에서 반드시 필요한 사항들이다.

· 참석자는 각각 다양한 자료를 미리 갖고 갈 것
· 참석자가 주제에 대한 에피소드를 즐겁고 자유롭게 이야기할 수 있는 환경을 만들 것
· 도출된 아이디어를 구체적으로 시각화할 수 있는 디자이너를 참석시킬 것

이 중에서도 특히 디자이너를 참석시키는 것은 매우 중요하다. 일반적으로 디자인 사고는 디자이너가 아닌 사람이 디자이너처럼 자유롭게 생각하기 위한 기법으로 이해되기 쉬우며, 결과적으로 디자이너가 필요 없다고 인식하게 하는 일도 생긴다. 그러나 비즈니스에 두근거림이나 즐거움을 도입하기 위해서는 모두 진지하게 고민한 비즈니스 모델을 즐겁게 시각화하고, 설득력을 부여할 수 있는 디자이너가 반드시 회의에 참가해야 한다.

최근 전략 컨설팅 펌Firm으로 불리는 기업이 디자인 회사를 매수하는 일이 늘고 있다. 그 이유는 비즈니스 현장에서 우수한 아이디어를 매력적인 형태로 구현함으로써 멋진 미래를 제시할 수 있는 디자인에 대한 필요성이 점점 더 커지고 있기 때문이다.

THINK EDIT

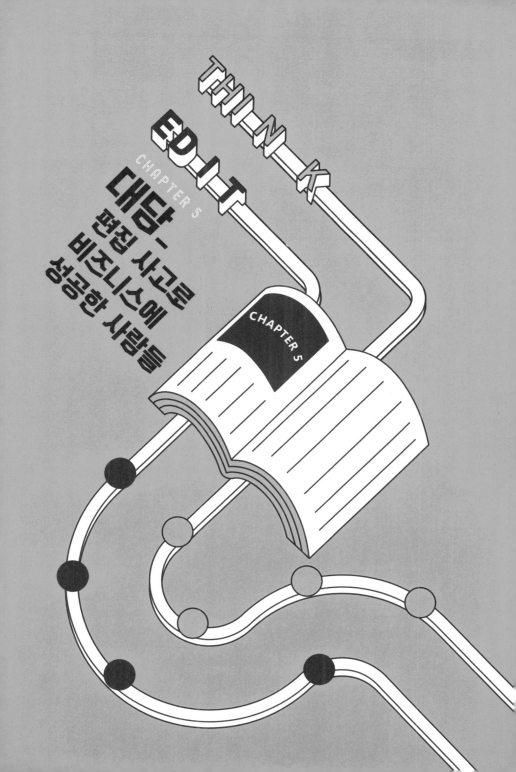

THINK

EDIT

CHAPTER 5

대담 —
편집 사고로
비즈니스에
성공한 사람들

CHAPTER 5

편집의 정보력을
다른 사업에 활용한다

× 미술출판사 이와부치 테이야岩渕貞哉 (이사, 『미술수첩』 편집장)

이와부치 테이야岩渕貞哉 ┃ 사진에서 오른쪽
TEIYA IWABUCHI
『미술수첩』 편집장. 1975년 요코하마시横浜市에서 태어났으며, 1999년 게이오기주쿠慶応義塾
대학 경제학부를 졸업했다. 2002년부터 『미술수첩』 편집에 참여했고 2008년부터 지금까지
편집을 담당하고 있다.
미술출판사 이사로서 2019년 아트 EC 사이트 'OIL by 미술수첩'을 선보였다. 공모전 심사위원,
토크 콘서트 출연 등 다양한 곳에서 현대 예술에 관여하고 있다.

잡지 편집자로서의 경험을 바탕으로 신규 사업을 연달아 시작하는 이와부치 씨. 사업가답지 않은 이와부치 씨의 독자적인 능력에 대해 들어봤습니다.

노구치(野口)　　제가 이번에 '편집 사고'라는 주제로 책을 만들게 되었습니다. 책을 집필하다 보니 실제로 편집 사고를 활용해서 일하시는 분과 이야기를 나누고 싶었고 그때 바로 떠오른 분이 이와부치 씨였습니다. 이와부치 씨는 『미술수첩』 편집을 비롯해 신규 사업 설립이나 운영, 경영을 맡고 있는 것으로 압니다. 그래서 어떤 사업을 하더라도 편집을 통해 길러진 사고방식이 그 토대가 될 것 같았고, 편집의 틀을 사용해 새로운 미래도 볼 수 있을 것 같다는 생각이 들었습니다.

이와부치(岩渕)　　감사합니다.

노구치(野口)　　이와부치 씨와 제가 만난 것도 『미술수첩』 덕분이었죠? 2007년에 『미술수첩』 리뉴얼을 담당하면서 1년 정도 함께 준비했었는데요, 당시 이와부치 씨는 부편집장이었고, 편집장은 다른 분이셨던 것으로 기억합니다.

이와부치(岩渕)　　당시는 현대 예술이 일본에서 주목받기 시작하던 때였습니다. 롯폰기 힐스六本木ヒルズ*의 숲미술관에서 현대미술전이 열렸고, 세계적인 미술 시장에서는 무라카미 다카시村上隆를 비롯해 일본 예술가의 경매품 낙찰 가격이 회자되었습니다. 『미술수첩』도 그 분위기에

---

*역자 주 일본 도쿄의 롯폰기에 있는 복합 문화 시설

힘입어 독자층을 더 넓히고 싶다는 생각에 리뉴얼을 단행했었지요.

노구치(野口)   당시 『미술수첩』의 주 독자층은 어떤 분들이었나요?

이와부치(岩渕)   1948년 창간 당시에는 제작자에 대한 정보 제공과 커뮤니티 조성이 주목적이었기 때문에 화가나 미대생 등 창작자가 주요 독자층이었습니다. 1950년대 중반부터 1970년대까지는 비평적인 기사가 많아졌고, 미술 전문지에 관심이 있는 사람들도 타깃이 되었습니다. 이때는 『미술수첩』이 논단·문예지 판형이었으며, 흑백으로 이루어진 텍스트 중심의 전문지였습니다.

2008년에 리뉴얼이 이루어졌는데 당시는 문화 잡지들이 가끔씩 휴간되던 시기였습니다. 다행히 『미술수첩』은 상승세를 보이고 있어서 공격적인 리뉴얼을 계획했습니다만, 사실 실패한다면 휴간까지도 각오하고 리뉴얼을 계획했습니다.

노구치(野口)   그런 각오로 임하셨군요.

제가 그 리뉴얼에서 가장 인상 깊었던 것은 '판형' 부분이었는데요, 그때 『미술수첩』을 대중적으로 만들기 위해 판형을 키워서 광고를 넣자는 의견이 있었죠. 저는 솔직히 그것이 너무 걱정됐습니다.

이와부치(岩渕)   노구치 씨께서 몹시 반대하셨죠?(웃음)

노구치(野口)   왜냐하면 그 판형은 『미술수첩』의 정체성과 같은 것이었기 때문입니다. 제가 그것을 바꿔버렸다면 『미술수첩』에 대해 잘 아는 사람들에게 "역시 노구치는 아트 디렉터가 될 수 없구나"라는 말을 들었을 것입니다. 그 당시 매일 밤 그런 악몽을 꾸고 가위에 눌렸습

니다.(웃음)

그래서 "수첩이니까 작은 판형을 유지합시다"라는 말로 1년 동안 편집장을 설득해서 겨우 방향을 뒤집었죠. 그것이 리뉴얼에서 가장 중요한 작업이었습니다.

이와부치(岩渕)　편집자 입장에서도 큰 판형으로 변경하는 것은 어렵다고 생각했습니다. 책의 판형이 커지면 비주얼 중심이 되기 때문에 지금까지 해왔던 편집 스타일이 통용되지 않습니다. 기획 자체를 다시 해야 하므로 만약 그 의견이 받아들여졌다면 모두 고생했을 거예요. 그리고 저 또한 그 형태가 『미술수첩』의 정체성이라고 생각합니다.

노구치(野口)　리뉴얼에서 가장 많이 바뀐 것은 제목과 로고의 크기입니다. 일반적인 잡지의 로고와 비교해도 상당히 작은 편이라 그 대신 특집 제목을 크게 표시하기로 결정했습니다.

『미술수첩』은 역사가 있는 잡지이기 때문에 잡지 자체에 대한 설명은 거의 필요가 없었습니다. 반대로 특집 제목을 크게 표시하여 독자들이 '특집이 재미있을 것 같으니 사볼까'라고 생각해주기를 바랐습니다. 우선순위를 명확히 하자는 제안도 있었지요.

이와부치(岩渕)　지금은 『미술수첩』뿐 아니라 다른 잡지도 특집 위주로 만들어지고 있습니다. 그 당시에도 '이 잡지니까 사야지'라기보다 '이 특집이 재밌을 것 같으니까 사야지'라고 생각하는 독자가 많다는 느낌이었습니다. 『미술수첩』도 그러한 흐름을 따라 특집 페이지를 늘리거나 특집 제목을 눈에 띄게 디자인하는 등 다양한 노력을 기울였습니다.

노구치(野口)　　그 무렵에는 폭발적으로 판매된 호와 그렇지 않은 호의 차이가 컸던 것 같습니다.

이와부치(岩渕)　　그렇습니다. 그래서 연간 실제 판매 부수를 목표로, 어떻게 하면 잘 팔리는 기획 표제를 만들 수 있는가에 대해 많은 시행착오를 겪었습니다.

지금은 출판 시장의 상황이 많이 변했습니다. 그때그때 문제에 대응해서 판매 부수를 높이는 것이 아니라 『미술수첩』을 계속 읽고 싶어 하는 독자를 늘려가는 데 주력하고 있죠. 그 문화의 커뮤니티를 위해 잡지를 어떻게 활용할 수 있을지 고민하는 것도 중요하다고 생각합니다.

노구치(野口)　　시대는 계속해서 변해가니까요.

이와부치(岩渕)　　요즘은 서점에 책이 갑자기 등장하는 것이 아니라 트위터나 인스타그램 등 SNS에서 책에 대한 정보를 미리 소개하고 있습니다. 최근에는 '표지의 특집 제목으로 내용을 설명하지 않아도 된다'라고 생각이 바뀌었습니다.

노구치(野口)　　옛날에는 서점에서 『미술수첩』을 보고 '이 특집은 사야 해'라며 잡지를 구매하는 사람이 많았다면, 지금은 SNS에 『미술수첩』 계정을 보고 구매 여부를 결정하는 사람이 많아졌습니다.

SNS에는 동영상과 텍스트를 함께 올릴 수 있어 중요한 정보를 전달할 수 있습니다. 따라서 표지에 특집 제목과 주제를 크게 넣을 필요가 없어졌지요.

이와부치(岩渕)　　그렇습니다. 그래서 표지를 포함해 '비주얼이 멋지다', '가

져가고 싶다'라는 생각이 들도록 책으로서 높은 품질을 지키고 싶다는 생각입니다.

그리고 『미술수첩』에서는 2017년 봄에 '인터넷판 미술수첩'이라는 아트 포털사이트를 만들었는데요, 그것이 궤도에 올라 2018년부터는 잡지를 격월로 발행하기 시작했습니다.

이때까지는 『미술수첩』에 전람회 정보부터 리뷰에 이르기까지 한 달분의 정보를 모두 게재했습니다. 빠른 속도로 변해가는 최신 예술 동향을 취재하여 저널리즘적인 기사를 싣고 싶어도 한 달에 한 번 발행되기 때문에 취재일과 발행일 사이가 멀 경우 이미 한물간 이야기가 되어 버렸지요. 그런데 인터넷판이 만들어지면서 인터넷판에는 시사적이고 생생한 취재기사를, 잡지에는 한 주제를 깊이 파고드는 기획기사를 구분해서 게재하게 되었습니다.

예술가가 자유롭게 놀 수 있는 환경을 만드는 것이 편집자의 역할

노구치(野口)　　『미술수첩』이 궤도에 오른 것은 이와부치 씨가 편집장이 되고 나서인 것 같습니다. 그 이유는 이와부치 씨가 예술가들의 신뢰를 얻고 있었을 뿐만 아니라 적절한 타이밍에 SNS를 활용했기 때문이라고 생각해요.

이와부치(岩渕)　　고맙습니다. 제 스스로는 분석하지 못한 부분일 수도 있네요.(웃음)

노구치(野口)　　같은 미술 분야라도 『미술수첩』과 다른 잡지의 특집에는 큰 차이가 있습니다. 『미술수첩』의 특집에서는 예술가가 사적인 이야기를 하거나 자발적으로 움직이는 것을 볼 수 있는데, 이는 편집장님 덕분에 가능한 일이었다고 생각합니다. 다른 편집장들과 이와부치 씨는 어떤 점이 달랐던 것일까요? 어떻게 예술가들의 신뢰를 얻을 수 있었습니까?

이와부치(岩渕)　　글쎄요. 예술가들과의 거리감이 달랐던 것이 아닐까요? 잡지라는 것은 이름 그대로 '읽고 버릴 수 있는 것'이라는 성격이 크다고 생각합니다. 물론 그것이 잡지의 재미이기도 하고 좋은 점이기도 합니다.

그러나 저는 『미술수첩』이 잡지의 성격을 갖고 있기는 하지만 약간 다른 점도 있다고 생각했습니다. 예술가 특집호의 경우 무라카미 다카시村上隆면 무라카미 다카시, 아이다 마코토會田誠면 아이다 마코토에 대한 결정판이 되도록 했으며, 미래의 비평가나 큐레이터가 연구 대상으로 참조할 수 있을 정도로 만들고 싶었습니다.

그렇기 때문에 인터뷰에서는 지금까지 하지 않았던 이야기를 해달라고 했고, 그림집처럼 잡지에 작가의 모든 작품을 게재하기도 했으며, 작가를 어릴 때부터 소개하는 연표 등을 고집하기도 했습니다. 평론도 그 예술가에게 가장 잘 어울리며 결정적인 내용을 써줄 것 같은 사람에게 부탁했습니다. 그와 같은 마음가짐이 예술가들에게 자신을 잘 정리해서 보여줄 수 있는 사람으로 비춰졌던 것 같습니다.

노구치(野口)　　　리뉴얼된 제1호 잡지는 아이다 마코토 씨의 특집이었습니다. 둘이서 아이다 씨의 작업실에 갔던 기억이 나네요.

이와부치(岩渕)　　　그 특집 담당이 저였습니다. 일반적으로 예술가 특집은 개인전이 열리는 시점에 기획하는 경우가 많은데, 당시 아이다 씨는 특별한 계획이 없었습니다. 하지만 리뉴얼한 『미술수첩』을 상징하는 특집을 만들고 싶다고 생각했을 때 아이다 씨의 얼굴이 제일 먼저 떠올랐습니다.

노구치(野口)　　　특집 주제도 독특함이었습니다. '어라운드 THE 아이다 마코토'라는 주제였고, 아이다 씨의 제자 분들을 중심으로 내용을 꾸몄습니다.

이와부치(岩渕)　　　저는 잡지가 리뉴얼되기 얼마 전부터 '어떤 장면을 잡지에 소개하는 데 그치지 않고, 지면 자체가 예술 현장이 되도록 하고 싶다'는 생각을 갖고 있었습니다.

그즈음 아이다 씨 주변에는 젊은 예술가들과 크리에이터들이 모여 있었습니다. 아이다 씨는 대부분 거의 알려지지 않은 그들을 신인으로 소개했는데, 이것은 그러한 커뮤니티를 만든 아이다 씨의 매력을 돋보이게 했습니다. 아이다 씨에게 이런 생각을 말하자 재미있어 하며 '이 사람은 이런 생각의 틀을 갖고 있다', '저 사람은 저런 것을 했으면 좋겠다'와 같이 내용을 제안했고, 때로는 직접 의뢰하거나 특집 제목까지 생각해 주었습니다.(웃음)

그래서 '어라운드 THE 아이다 마코토' 특집은 아이다 씨가 기획 감수자, 저는 조력자가 된 기분으로 제작할 수 있었습니다.

노구치(野口)　　　이와부치 씨는 기획을 결정한 후 그 틀에 맞추는 것이 아니라 예술가가 자유롭게 놀 수 있는 환경을 만들어주는데, 그들에게는 그것이 신기하게 보이지 않았을까 하는 생각이 듭니다.

표지 아이디어도 아이다 씨의 생각이었는데, 『더 텔레비전』*을 패러디하여 아이다 씨와 젊은 예술가가 레몬 대신 해삼을 쥐고 있는 모습이었습니다. 이해하기 어려웠습니다.(웃음)

이와부치(岩渕)　　　해삼은 근처 생선가게에 예약해놓고 제가 아침에 사러 갔었죠.(웃음) 그런데 촬영하다 보니 손바닥 온도 때문에 작아져서 별로 찍히지도 않았습니다. 아이다 씨는 그 후에도 그라비어 페이지**의 연재를 맡아주셨습니다.

노구치(野口)　　　저는 매거진하우스의 『뽀빠이』로 경력을 쌓기 시작했는데, 이와부치 씨와 『뽀빠이』 잡지 제작에는 공통점이 있는 것 같습니다. 『뽀빠이』와 이와부치 씨는 자신의 관심사를 기획하기 때문에 주위에 재밌는 사람들이 계속 모이는 게 아닐까 생각합니다. 그리고 이와부치 씨의 『미술수첩』에도 비슷한 부분이 있는 것 같습니다.

이와부치(岩渕)　　　저는 특집을 만들 때마다 새로운 제작 방식을 시도해보고 싶다는 생각을 합니다.

'잡지 제작'이라고 하면 이미 대략적으로 형태가 정해져 있죠. 즉, 책의 앞부분, 인터뷰, 본문 등의 디자인과 형태가 대부분 정해져 있습니다.

---

*역자 주 일본에서 발행되는 TV 정보지
**역자 주 사진 등을 오목판으로 인쇄하여 만든 페이지

그래서 익숙해지면 눈을 감고도 만들 수 있게 됩니다.

그러나 그렇게 하면 저부터도 싫증이 나고 지면에도 그런 느낌이 반영되기 때문에 매번 특집 제작 방식을 고민하곤 했습니다. '내용을 새로 만들면 완전히 참신한 것을 넣을 수 있지 않을까'라는 생각도 했습니다. 그래서 예술가의 주변 사람들을 특집에 포함시켜봤습니다. 그 결과 아이다 씨는 특집에서 기획자 역할을 하고 오히려 주변 사람들을 주인공으로 하는, 지금까지와는 전혀 다른 기획을 진행할 수 있었습니다.

중립적인 입장을 유지하면 사람이 쉽게 모인다

노구치(野口)　　이와부치 씨는 SNS를 능숙하게 사용하시는 것으로 알고 있습니다. 『미술수첩』의 경우 2010년 무렵부터 트위터를 이용했는데, 계정을 개설하게 된 계기가 있었습니까?

이와부치(岩渕)　　당시 예술계에는 인터넷을 잘 활용해야 한다는 새로운 움직임이 있었고 트위터를 주목하는 관계자도 늘어났습니다. 미술평론가인 쿠로세 유헤이黒瀬陽平 씨 중심의 '카오스 라운지' 그룹이 나온 것도 그 무렵입니다. 무라카미 다카시 씨도 그 움직임에 발 빠르게 반응해 트위터를 활용했습니다.

저도 이러한 트렌드를 따라야 한다는 생각에 급히 계정을 개설했습니다. 선구적으로 트위터를 시작했다기보다는 예술계의 흐름에 동승하기 위해 주뼛주뼛 시작한 것이었습니다.(웃음)

노구치(野口)　　『미술수첩』의 트위터는 미술계에서 꽤 주목받고 있는 것 같습니다. 예술 분야 정보통으로 활용되기도 하고, 무라카미 씨를 비롯한 주변 분들과 얽혀 화제가 된 경우도 있었지요. 팔로워도 하루에 1,000명씩 늘었고요.

게다가 이와부치 씨가 SNS를 통해서 TV나 라디오에 출연하게 된 것은 큰 비약이라고 생각합니다.

이와부치(岩渕)　　확실히 SNS를 시작하며 미디어에서 의뢰받는 경우가 많아졌습니다. 저는 드러나는 것을 좋아하는 성격은 아니지만, 편집장이 되고 처음 3년 정도는 배운다는 생각으로 모든 의뢰를 받아보기로 결정했었습니다.

노구치(野口)　　잡지와 자신의 경험을 위해 그런 결정을 하셨군요. 확실히 취재 대상이 되면 처음 알게 되는 점이 많지요. 이와부치 씨는 다양한 강점을 갖고 계신 것 같습니다.

이와부치(岩渕)　　잡지 편집자는 중립적인 위치에 있어야 합니다. 예술가, 큐레이터, 갤러리와도 중립적으로 지내며 자신의 주장을 전면에 내세우지 않아야 하지요. 이것은 예술 분야 전문가가 아닌 사람들에게 정보를 전달할 때 필요한 요인이라고 생각합니다.

예술과 관련해 전문가 측면에서 중심을 잡은 채 일반 사람들에게 그것을 해석해서 전달하는 역할은 잡지의 역할과 크게 다르지 않다고 생각합니다.

노구치(野口)　　SNS나 인터넷판 『미술수첩』은 물론, 웹을 기반으로 한 새로운 서비스에도 노력을 기울이시는 것 같습니다.

이와부치(岩渕)　　　네. 맞습니다. '인터넷판 미술수첩'이 순조롭게 성장하고 있어 웹에서 더 확장시킬 예정입니다. 2019년 4월부터 'OIL by 미술수첩'이라는 아트 EC 사이트를 운용하기 시작했는데, 이 사이트는 예술 작품을 인터넷에서 구매할 수 있는 쇼핑몰 형태로 되어 있고 일본 갤러리나 숍에도 들어가 있습니다.

노구치(野口)　　　갤러리를 통해서 판매하나요?

이와부치(岩渕)　　　네. 일본에서는 조금씩 확장되고 있는 추세라고 할 수 있습니다. 예술작품을 수집하는 데는 아직 장애가 많고 예술품 시장에서 작품 가격을 매기는 방법이나 가격 변동이 명료하지 않다고 생각하는 사람들도 많습니다.

그래서 갤러리는 작품을 감정하는 역할을 담당합니다. 사람들은 『미술수첩』이 선택한 갤러리에서 다루는 작가나 작품이라면 안심할 수 있다고 생각하며, 자신에게 어울리는 좋은 작품을 골라주기를 원합니다.

노구치(野口)　　　갤러리를 통하면 갤러리에 대해 잘 몰랐던 고객도 알게 되는 계기가 될 수 있겠군요.

이와부치(岩渕)　　　그렇습니다. 일본에서 미술관에 가는 사람은 많지만 갤러리까지 가는 사람은 드물지요. 미술관에서의 개인전은 진짜 유명한 작가만 열 수 있는 경우가 많습니다. 그래서 젊은 예술가나 현역 예술가의 신작은 대부분 갤러리에서 볼 수 있습니다. 'OIL by 미술수첩'을 통해 갤러리로 눈을 돌려보면 좋을 것 같습니다.

노구치(野口)　　　그렇군요.

이와부치(岩渕)　　'OIL by 미술수첩'에는 미디어적인 기능도 부여하고 싶은데요. 지금은 예술품을 즐기는 방법이나 적절한 예산, 구입 후의 느낌, 유지 방법 등을 전달함으로써 예술품을 구매할 때 느끼는 심리적 부담을 낮추기 위한 연구가 진행되고 있습니다.

노구치(野口)　　요즘 일본의 예술품 시장은 어떤 분위기입니까?

이와부치(岩渕)　　2008년 무렵 글로벌 마켓 확대 여파로 활성화되었지만 리먼쇼크 후 시들해졌습니다. 그러나 최근 마에자와 유사쿠前澤友作* 씨와 스트라이프 인터내셔널의 이시카와 야스하루石川康晴 씨를 필두로 젊은 기업가나 경영자가 아트 컬렉션과 아티스트를 지원하는 활동이 화제가 되었습니다.

지금까지 현대 예술품을 수집하는 사람은 예술품이 좋아서 생활비를 줄여가며 작품을 구매하는 경우가 많았는데, 거기서 예술품과 사업을 접목시키는 사람들이 나왔고 시장 상황도 조금씩 바뀌었습니다.

노구치(野口)　　유럽과 미국은 거의 모든 집에 예술품이 있습니다. 일본은 고도의 경제 성장을 급격하게 이루었고 어떻게든 삼종의 신기**를 갖추기 위해 필사적으로 노력했지만 그 후 버블이 붕괴돼버렸습니다. 그래서 아직 문화를 즐기는 경지에 도달하지 못한 것인지도 모릅니다. OIL by 미술수첩이 그러한 흐름을 바꿀 수 있기를 바랍니다.

---

*역자 주 일본의 온라인 쇼핑몰 '조조타운'의 창업자이다.
**역자 주 일본 황실에서 천황이 계승하는 3가지 물건. 한 시대의 첨단 가전제품 3가지를 말하기도 하는데 1950년대에는 TV, 냉장고, 세탁기였다.

이와부치(岩渕)　　　일본 기업인 '컬처 컨비니언스 클럽(CCC)'은 츠타야TSUTAYA 의 렌털 서비스를 통해 영화와 음악을 보다 친밀한 존재로 만들었습니다. 앞으로는 이 서비스를 통해 사람들이 생활 속에서 자연스럽게 예술품을 즐길 만큼 친숙해지기를 바랍니다.

잡지에 게재되는 것은 전체 정보의 5%이며 나머지 95%는 새로운 사업에 활용합니다.

노구치(野口)　　　이와부치 씨는 컨설팅 일도 하고 계시죠? '어떤 예술가와 협업해야 브랜드를 더 키울 수 있을까'와 같은 문의에 대해 상담하는 경우도 많을 것 같은데요. 그러한 일도 편집자로서의 능력을 활용하시는 것 같습니다.

이와부치(岩渕)　　　그렇습니다. 미술 관련 잡지 편집자는 매일 전람회에 가거나 리셉션에서 사람들과 만나기도 하고 책도 읽으면서 정보를 수집합니다. 그러나 그중에서 지면에 실리는 것은 겨우 5% 정도지요. 그 외의 부분들이 지면 밖에서 활용될 기회가 늘어난다는 것은 기쁜 일입니다. 여기서는 넓고 얕은 정보를 다양하게 알고 있다는 점 그리고 요청에 따라 그 정보나 네트워크를 기획으로 만들 수 있다는 점이 강점일 수 있습니다.

노구치(野口)　　　활동 범위가 많이 늘어난 것 같습니다.

이와부치(岩渕)　　　일례로 『미술수첩』은 광고영업부에서 '사업 솔루션'이라는 부서로 조직을 변경했습니다. 이 부서의 임무는 『미술수첩』이 쌓아온 네트워크와 기획력을 활용해 클라이언트의 과제를 해결하기 위한 솔루션을 제공하는 것이었지요. 그 과정에는 이벤트 프로듀싱, 홍보 지원, 책 기획 제작 등 많은 일이 포함됩니다. 그리고 그 솔루션의 일환으로 『미술수첩』의 광고나 제휴를 통한 프로모션도 제안합니다.

노구치(野口)　이와부치 씨는 편집자일 때도 '기획하는 방법을 개발하고 싶다'라고 말씀하셨는데, 그러한 방법이 본인에게 잘 맞는 것 같다는 생각이 듭니다. 한편으로 고루한 가치관을 갖고 있는 출판사가 많은 상황에서 이러한 이야기를 들으니 신기하기도 합니다.

이와부치(岩渕)　지금은 자유롭게 일할 수 있다는 점이 감사할 따름입니다. 단순히 잡지를 만들어 파는 것이 아니라 미디어를 통해 사람들이 예술품을 수용할 수 있도록 돕고 또 그런 사람들을 계속해서 키워 나가야 한다고 생각합니다. 광고의 경우에도 단순하게 광고를 판매하는 것이 아니라 미디어가 가진 다양한 힘을 활용하여 클라이언트의 과제를 해결하는 데 일조하고 싶다는 생각입니다.

노구치(野口)　그런 식으로 한 단계 위를 생각하는 것이 핵심이군요.

이와부치(岩渕)　네. 그런 점에서 미술 관련 출판사도 '미술 전문 출판사'에서 '예술품 사업을 하는 회사'로 사업 도메인을 새로 만들었습니다. 미술 관련 출판사의 강점은 예술 관련 네트워크나 미디어의 신뢰감, 견실한 물품 제작 능력 등입니다. 그것을 최대한 활용하려면 잡지와 서적을 만드는 출판사에 머무르지 않고, '예술에 특화된 사업을 하는 회사'라는 형태를 고려해야 할 필요가 있다는 가설을 세워야 하지요.

미술 전문 출판사라고 하면 틈새시장에 불과하지만 예술에 특화된 회사가 출판 사업도 함께 한다고 하면 굉장한 강점이 될 수 있습니다. 이와 같이 가설을 세우고 생각을 거듭해 나가는 방식은 잡지를 기획하면서 몸에 밴 것일 수도 있습니다.

노구치(野口)　　　저희 회사도 계속해서 출판 외길을 달려왔고, '편집이라는 사고방식을 다른 사업에도 활용하면 좋겠다'는 생각으로 편집 사고를 활용해 다양한 일을 하고자 했습니다. 이 부분은 이와부치 씨와 같습니다. 이와부치 씨는 '미디어를 제작한다'에서 '예술을 사업화한다'로 기준을 바꿈으로써 시야를 넓히고, 새로운 사업을 구상할 수 있었던 것 같습니다. 이와부치 씨가 진행한 구체적인 사업 솔루션 사례로는 어떤 것이 있을까요?

이와부치(岩渕)　　　최근에는 스웨덴의 자동차 회사인 볼보와 일하고 있습니다. 볼보 카 재팬Volvo Car Japan이 도쿄 아오야마 거리에 오픈하는 '볼보 스튜디오 아오야마'에서 예술, 음악, 교육 등을 주제로 정기적인 이벤트를 열고 싶다는 제안을 본사에 전했고, 그와 관련해 예술 부문을 『미술수첩』이 담당하는 것에 대해 볼보 측과 협의했습니다.

그리고 점포 내 전람회 큐레이션을 정기적으로 실시하면서 전시 작가인 타츠키 마사루田附勝 씨의 사진으로 달력을 제작하기도 하고, 지방의 예술 축제를 볼보와 함께 둘러보는 책자를 만들기도 했습니다.

노구치(野口)　　　그렇군요. 출판사 중에는 미디어를 제작하는 것 외에도 다양한 콘텐츠를 갖고 있는 경우가 있습니다. 클라이언트와 이야기하면서 어떤 콘텐츠를 어떻게 이용할지 결정하는데요, 이것은 마치 편집자가 자신 있는 콘텐츠를 추출하여 특집 기획으로 만드는 것과 같습니다.

항상 자신을 계발하며 시장을 분석한다

노구치(野口) 이야기를 들어보니 이와부치 씨의 생각은 프로덕트 아웃 쪽이군요. 저는 프로덕트 아웃과 마켓 인 모두 중요하다고 생각합니다. 하지만 독창적인 아이디어를 낼 수 있는 것은 역시 프로덕트 아웃 쪽인 것 같습니다. 개발자의 생각이 반영되기 쉬운 만큼 개성이 강하게 나타나지요.

OIL by 미술수첩도 그런 서비스가 있었으면 좋겠다는 생각에서 시작한 것입니다. 완전한 프로덕트 아웃 상품이라고 할 수 있지요.

이와부치(岩渕) 그렇군요. 일본은 아직 아트 EC 시장 자체가 작은 편이라 사업 계획은 세웠지만 처음부터 만들어 가는 기분입니다. 그렇다고 해서 시장을 전혀 생각하지 않는 것도 아닙니다. 저는 편집을 하든 사업을 하든 항상 또 하나의 나를 시뮬레이션하는 것 같은 느낌으로 일을 진행합니다.

즉, 또 다른 나를 시장 안에 있는 손님으로 설정하고 그 사람에게 가설을 맞추면서 그 사람의 감각이나 감정이 어떻게 움직이는지 관찰하는 것과 같은 느낌입니다. 그래서 손님으로 설정한 부분이 틀어지면 시장과도 어긋나기 때문에 더 보완하기 위해 정보를 수집하고 경험을 쌓아 갑니다. 좋은 손님으로 존재하기 위해 양분과 물을 주면서 나 자신을 키우는 기분이라고나 할까요.(웃음)

노구치(野口)　　그것은 편집자일 때도 마찬가지였을 것 같은데요. 자신이 좋아하는 것을 파고들면서 『미술수첩』에서 요구하는 만큼 판매 부수를 올리려면 비슷한 취사선택이 필요했을 것 같습니다.

이와부치(岩渕)　　그렇습니다. 저는 줄곧 편집자였기 때문에 마케팅에 대해 잘 모르며 지금도 계속 공부하고 있습니다. 다만, 그 일을 좋아하고 행복할 수 있다는 믿음이 있어 한계에 이르기까지 온 힘을 다해 파고듭니다. 그렇기 때문에 제품에도 힘이 실리고 많은 사람들에게도 그 힘이 전달될 것이라고 믿습니다.

노구치(野口)　　편집자가 일에 대해 갖고 있는 감각은 사업가와 조금 다른 듯합니다. 시장의 논리에 대한 감각이 전혀 없는 것처럼 보이네요.

일반적인 업무에는 '다른 사람을 행복하게 한다'라는 측면이 있는 반면 편집자는 나 자신이 행복하기 위해 흥미를 추구합니다. 역시 이런 이유 때문에 사업가가 될 수 없는지도 모르겠네요.(웃음)

하지만 흥미를 추구하며 움직이기 때문에 능동적으로 일할 수 있다는 것은 큰 강점입니다.

왼쪽이 창간 당시(1948년)의 『미술수첩』. 2008년에 창간 60주년을 맞이하여 노구치 씨가 리뉴얼
했다(오른쪽).

위의 사진은 아트 EC 사이트 'OIL by 미술수첩'이고, 아래의 사진은 '볼보 스튜디오 아오야마'에서
진행된 예술 관련 이벤트 모습이다.

매장 구축의 핵심은
편집력에 있다

× 다이마루 마쓰자카야岩渕貞哉 백화점 시미즈 히로시清水宏
(본사 영업본부 사업추진실 신규사업추진·브랜드 개발사업부장 겸
어뮤즈보테Amuse Beauté 사업부장)

시미즈 히로시清水宏 | 사진에서 왼쪽
HIROSHI SHIMIZU
시미즈 히로시는 1965년 야마구치현山口県에서 태어났으며, 대학 졸업 후 (주)다이마루 신사
이바시心斎橋점 화장품 부문에 배치되어 일했다. 이후 약 30년 동안 화장품 매장 책임자, 본
사 바이어, 상품부장을 역임했다. 현재 셀프 코스메틱 숍 '어뮤즈보테'를 일본 전국으로 확장
시키고 있다. 또한 새로운 편집 매장이나 신규 사업을 개발하는 사업부장도 겸임하고 있다.

노구치 씨와 시미즈 씨. 여성스러운 성향이 강한 두 사람이 만든 새로운 백화점 매장. 그에 관해 상세한 이야기를 나눠본다.

노구치(野口) 시미즈 씨는 백화점의 화장품 부문에서 30년 이상의 경력을 갖고 있는, 매우 여성스러운 분입니다.(웃음) 그런 시미즈 씨와 함께 만든 것이 삿포로 다이마루점과 마쓰자카야 나고야점에 있는 'KiKi-YOCOCHO'라는 층이었습니다(39쪽 참조). 다양한 브랜드의 화장품과 잡화, 먹거리 등이 한 층에 모여 있으며, 각 점포에서 무언가를 자유롭게 시도해 볼 수 있다는 것이 특징입니다.

잡지 제작을 주 업무로 하는 디자인 회사가 백화점 매장 구축을 돕는다는 점이 재미있었고, 잡지 제작 경험을 활용하면 도움이 될 수 있다고 생각했습니다.

시미즈(清水) 한 거래처 사장님이 "재미있는 사람이 있는데 만나보지 않을래?"라고 제안한 것이 계기가 되어 노구치 씨와 처음 만나게 되었습니다. 노구치 씨의 첫인상은 '순진해 보인다'였죠.

노구치 씨는 제가 하는 이야기에 진지하게 귀를 기울여주었고, 때때로 생각지도 못한 질문을 했습니다. 그 모습이 여러 가지 일에 흥미를 갖고 "왜요? 어째서요?"라고 질문하는 아이처럼 보였죠. 계속 대화하다 보니 노구치 씨의 시각이나 사고방식이 저와 전혀 다르다는 것을 알 수 있었고, 그래서 저도 노구치 씨에게 흥미를 갖게 되었습니다.

노구치(野口) 예전에 백화점 본점의 수익은 높지만, 지방은 그렇게 높지 않다고 들은 적이 있었습니다. 그래서 당시 시미즈 씨에게 "지방은 토지 면적이 넓은데 왜 세로로 백화점을 짓나요? 백화점이 상점가처럼 가로로 길게 있어도 재미있지 않을까요?"라고 질문했었는데, 그러자 시미즈 씨는 괜찮은 생각이라며 즐겁게 대답하셨죠.

시미즈(清水) 처음 부탁한 작업은 '어뮤즈보테(다양한 브랜드의 화장품을 테스트할 수 있는 뷰티 숍)' 교토점의 쇼핑백 디자인이었습니다.

사실 노구치 씨와 처음 만났을 때 먹을 수 있는 작품으로 츠루야 요시노부鶴屋吉信의 모나카를 받았었는데, 그냥 들고 다니고 싶을 정도로 멋지게 포장되어 있었죠.

당시 어뮤즈보테는 마침 쇼핑백을 만들려던 참이었습니다. 어떤 디자인으로 해야 할지 고민하던 중 '노구치 씨를 믿고 모두 맡기자'라는 생각이 번뜩 들었습니다. 다른 후보 디자이너도 있었지만 노구치 씨에게 첫눈에 반한 것이지요.

노구치(野口) 어뮤즈보테와 KiKiYOCOCHO 모두 그랬지만, 시미즈 씨는 실제로 일을 의뢰하기 전에 "이런 것을 생각하고 있는데 흥미가 있나요?"라고 물었습니다. KiKiYOCOCHO의 근간을 이루는 사고방식도 시미즈 씨가 만든 것입니다. 처음에는 '예쁜 골목'이라는, 지금과 다른 이름이었습니다.

시미즈(清水) 예쁜 골목을 떠올렸던 2016년은 외식 업계에서 '골목 르네상스'라는 말이 화제로 대두됐을 정도로 '골목'이 주목받던 해였습니다.

저도 그 분위기에 편승해 여성의 아름다움을 중심으로 골목을 만들고 싶다고 생각했지요.

독일의 유기농 식품 박람회인 'BIOFACH'에 방문했던 것도 하나의 계기가 되었습니다. 백화점은 쉽게 찾을 수 있고 구매할 수 있다는 이유로 매장 배치가 철저히 범주화되어 있는데, BIOFACH는 '유기농'이라는 큰 주제로 화장품, 섬유, 와인, 초콜릿 등의 상품을 따로 배치해 놓았습니다. 그것이 매우 신선하게 느껴졌고 백화점에도 적용해보고 싶다는 생각에 예쁜 골목은 어떤지 노구치 씨에게 제안했습니다.

노구치(野口)　　제가 재미있을 것 같다고 솔직하게 대답했더니 그럼 도와달라고 하셔서 가벼운 마음으로 그러겠다고 했습니다. 그런데 막상 뚜껑을 열어보니 엄청난 규모의 프로젝트여서 깜짝 놀랐지요(웃음).

시미즈(清水)　　분명 그때까지는 진행한 적 없었던 큰 프로젝트였습니다. 백화점 매장은 아까 말씀드린 것처럼 카테고리별로 배치되어 있습니다. 프로젝트를 진행할 때도 음식은 음식, 화장품은 화장품, 여성복은 여성복과 같이 각각 분야를 나누어 작업했지요. 하지만 KiKi-YOCOCHO에서는 제가 퍼실리테이터Facilitator*였고 모든 분야의 사람들이 모여서 작업을 진행했습니다.

노구치(野口)　　매주 다이마루 삿포로점의 임원진과 매장 매니저들이

---

*역자 주 프로그램의 실행 과정에서 중재 및 조정 역할을 담당하며, 진행이 원활하게 이루어지도록 돕는 사람을 의미한다. 공감적 이해와 수용적 태도를 기본으로 구성원들의 감정과 사고의 자유스러운 표현을 촉진하는 역할을 맡는다.

모두 모여 화상회의를 했습니다. 회의 인원은 평균 20명 정도였고, 다양한 입장을 가진 사람들이 잇따라 참가했습니다. 회의는 총 46회 열렸고, 최대 30명 정도 모였던 것 같습니다.

시미즈(清水)　　여성들만 모여서 마치 여성 전용 회의처럼 진행한 적도 있었죠. 백화점을 방문하는 비율은 여성이 압도적으로 높았기 때문에 그분들의 속마음을 듣고 싶었습니다.

아이디어를 형상화하는 것은 어렵다

노구치(野口)　　조금 전에도 말씀드렸지만 시미즈 씨에게 이야기를 들은 시점에 KiKiYOCOCHO의 기본 핵심은 거의 완성되어 있었습니다. 제가 도울 수 있는 것은 백화점을 잘 모르기 때문에 느낄 수 있는 부분 정도였던 것 같습니다.

시미즈(清水)　　회의를 원활하게 진행하기 위한 도움도 받았습니다. 첫 회의에서는 '스트라이프 골목'이라는 안도 내주셨고요.

노구치(野口)　　어떤 회사든 그렇겠지만 첫 회의는 대부분 썰렁하기 마련입니다. 그래서 저는 절대로 채택되지 않을 제안서를 갖고 갑니다. 사람들은 "점심으로 아무거나 먹자"라고 해놓고 상대방이 "그럼 이탈리아 요리 먹을까"라고 하면 "그건 어제도 먹었어"라고 대답하는 경향이 있습니다. 그래서 일부러 문제가 될 만한 제안서를 갖고 간 다음 "이것은 싫다", "저것은 이렇게 하는 것이 좋다"라며 좋은 점과 싫은 점을 말하도록 분위기를 만드는 것입니다.

시미즈(清水)　　　최근에 설렜던 경험을 발표하는 숙제도 내주셨지요.

노구치(野口)　　　진지한 분위기의 회의에서 만든 기획은 아무래도 딱딱한 느낌이 듭니다. 그것이 나쁘다고는 할 수 없지만 저는 고객이 좀 더 신나는 경험을 할 수 있도록 만들고 싶었습니다.

이 프로젝트의 경우 1년 정도의 긴 시간이 있었기 때문에 사람들의 설레는 마음에 좀 더 깊이 다가갈 수 있었습니다.

시미즈(清水)　　　처음에는 '어떤 고객에게 어떤 일을 해야 하는가'라는 부분에 집중했습니다. 그 방향을 잡는 데 두 달 정도 걸렸지요.

노구치(野口)　　　백화점에서는 30대, 연 수입 9천만 원 정도의 여성을 대표 이미지로 생각했는데, 현실감이 떨어지므로 새로운 대표 이미지를 만들자는 의견이 나왔습니다.

그래서 여러 여성분들께 "화장하는 것은 귀찮지만 예쁘게 보이고 싶다", "케이크는 먹고 싶지만 살은 찌고 싶지 않다" 등과 같이 뭔가 복잡한 이야기를 들으면서 아이디어를 떠올렸는데, 그것이 바로 '욕심쟁이 여성'이라는 키워드였습니다.

시미즈(清水)　　　KiKiYOCOCHO는 '백화점 안에 골목을 넣다'라는 새로운 발상에서 시작되었기 때문에 매장에도 지금까지와는 다른 사고방식을 도입하기로 했습니다. 매장을 완전히 처음부터 새로 만들기로 한 덕분에 매장 안 물건들의 높이 제한마저 없는 상태로 자유롭게 디자인할 수 있었지요. 카테고리도 물론 섞여 있었습니다.

노구치(野口)　　　제가 자유롭게 아이디어를 활용할 수 있도록 배려해주셨는데, 그 때문에 MD 분들이 많이 고생하셨을 것 같습니다. 회사 입장에서 보면 매장은 '식품 매장', '화장품 매장', '여성복 매장'으로 정해져 있는 편이 판매하기도 편합니다. 그것을 왜 굳이 다른 층에서 판매해야 하는가에 대해 모든 분들이 공감할 수 있도록 전달해야 했습니다.

그래서 가급적 기획서도 세계관이 잘 나타나도록 작성했습니다. 딱딱한 기획서로는 이 프로젝트의 새로움과 설렘을 전달하기 어렵다고 생각했기 때문입니다.

시미즈(清水) 이번 프로젝트에서는 노구치 씨가 제 생각과 마음을 정확하게 표현해주셨고, 그것을 사내 자료로 만들어주셔서 큰 도움이 되었습니다. 저는 새로운 아이디어를 창출하는 일은 좋아하지만 그것을 말로 표현하거나 시각화하는 것에 대해서는 상당히 힘들어하는 편입니다. 이번에는 노구치 씨 덕분에 외부 사람들이 긍정적으로 생각해줬을 뿐 아니라 만들어주신 자료로 모두를 설득할 수 있었습니다.

물론 말이나 일러스트로 제 아이디어를 형상화해보려고 시도한 적도 있었지만, 고리타분한 표현으로밖에 나타낼 수 없었습니다. 노구치 씨는 그것을 포착해서 정확한 언어로 우리의 마음을 움직인 것입니다.

노구치(野口) 말씀은 그렇게 하시면서 저를 부담 없이 이용하셨습니다. (웃음) 회의 전에 불러서 "직원들의 의욕이 떨어진 것 같으니 질책해주세요", "오늘은 칭찬해주세요" 등과 같이 뒤에서 어려운 일만 요구하셨지요.

시미즈(清水) 어느 순간부터는 저희 회사 사원 같았습니다.(웃음) 외부인이라고 생각할 수 없을 만큼 자연스러웠지요.

172

서로 도울 수 있는 매장을 만들다

노구치(野口)　　　KiKiYOCOCHO 기획을 시작한 이래 '골목이란 무엇일까'에 대해 계속해서 생각했습니다. '상점가처럼 활기찬 곳인가' 아니면 '조합처럼 서로 도울 수 있는 곳인가' 등 다양한 생각들을 떠올렸지요. 제 일은 콘셉트를 만드는 것인데, 콘셉트에는 사용 가능 횟수나 기한과 같이 고려해야 할 부분들이 있습니다. 저는 제가 프로젝트에서 손을 뗀 시점으로 사라지거나 잊혀질 만한 것은 만들고 싶지 않았고, 모두 저처럼 자유롭게 움직일 수 있는 구조를 만들고 싶었습니다.

이 문제는 어떤 상가에서 운동화를 구매하면서 그 실마리를 찾을 수 있었습니다. 운동화를 사려고 들어간 매장에서 "손님께는 흰색 운동화가 잘 어울리는데 저희 가게에는 흰색 운동화가 없네요. 건너편 가게에서 구매하세요"라는 직원의 말을 듣고 그 직원을 더욱 신뢰하게 된 적이 있었습니다. 그 직원은 자신도 운동화를 좋아한다고 했으며, 다른 매장의 상황도 잘 알고 있었습니다. 그래서 "당신과 같은 직원이 백화점에도 있습니까?"라고 물어보니, 대부분의 직원은 근처 가게의 상품에 대해 잘 모른다고 대답했습니다.

시미즈(清水)　　　그 이유는 백화점 매장들끼리 경쟁 관계에 있기 때문입니다. 제가 담당했던 화장품 매장에도 주변 매장에 대해 잘 아는 직원이 없었던 것 같습니다. 브랜드마다 매장이 완전히 분리되어 있어서 손님들도 상품을 비교할 수 없었지요. 심지어 A 브랜드의 립스틱을 들고 B 브랜드 매장에 가면 직원들이 기분 나빠했습니다.

그런데 노구치 씨의 말을 듣고 깨달았습니다. 골목이나 상점가 사람들은 근처 가게에 대해 잘 알고 있으며, "그 상품은 어떤 매장에 있을 것입니다"라든가 "라면이 먹고 싶다면 ○○ 가게로 가세요" 등과 같이 정보를 알려주기도 합니다. 백화점도 그렇게 서로 협력하는 분위기면 좋을 것 같다고 생각했습니다.

노구치(野口)　삿포로점의 점장님이 협의회를 열어주었고, 거기서 각각의 브랜드가 작은 매장을 출점해 자사 상품을 소개하거나 제품을 테스트해볼 수 있도록 기획했습니다. KiKiYOCOCHO에 있는 다양한 품목들을 점장과 직원들이 직접 키우는 느낌이어서 감동적이었습니다.

시미즈(清水)　KiKiYOCOCHO는 저희 사장님도 계속 기대하고 계십니다. 저만 보시면 "언제 완성되나?"라고 물어보시지요.(웃음) 진행 상황을 보고할 때 많은 의견을 주시기도 했습니다.

노구치(野口)　시미즈 씨는 프로젝트가 시작되는 시기에 사장님과 저를 만나게 해주셨죠. 그때 저는 "성공시키지 않는다면 도와드리는 의미가 없습니다"라며 호언장담했습니다. 그래서 반드시 성공시켜야 한다는 생각에 긴장할 수밖에 없었습니다. 덕분에 제가 그 프로젝트를 이어서 할 수 있었고, 내부에서도 동료로 받아들여진 것 같습니다.

시미즈(清水)　노구치 씨의 회사와 함께 일하면서 놀랐던 부분은 프로젝트에 참가한 사람들의 역량이 매우 우수했다는 점입니다. 매주 열린 회의에도 3~4명은 항상 참석했으며, 프로젝트 담당 직원 전원이 노구치 씨의 생각을 공유하고 있었습니다. 담당 직원 모두 같은 생각으로 프로젝트를 진행해줘서 너무 고마웠습니다.

사실 삿포로 다이마루점에는 이 프로젝트를 별로 마음에 들어 하지 않는 직원도 있었습니다. 그러나 날짜가 지날수록 적극적인 태도를 보였고 자신의 의견도 능동적으로 피력하기 시작했지요. 이것은 노구치 씨의 능력 덕분이었던 것 같습니다.

노구치(野口)　　KiKiYOCOCHO는 여성을 위한 매장이므로 여성이 어떤 생각을 하는지 알고 싶었습니다. '여성들의 의견을 듣고 싶다', '무엇이든 좋으니 말해주기 바란다'라고 부탁한 덕분에 의견이나 요청을 쉽게 들을 수 있었던 것 같습니다.

시미즈(清水)　　이름을 '예쁜 골목'에서 'KiKiYOCOCHO'로 바꾸자고 제안한 것도 여성분들이었습니다. 저는 '예쁜 골목'이라는 이름이 좋았었는데 말이죠.(웃음)

노구치(野口)　　이름을 지을 때는 사용자가 애정을 쏟을 수 있는가의 여부가 중요하니까요.(웃음) 그래서 여성들이 애정을 쏟을 수 있는 이름을 떠올려 달라고 부탁했고, 마지막에 그 의견이 선택된 것입니다.

옆 매장과 연결하다

시미즈(清水)　　KiKiYOCOCHO의 프로젝트 담당 직원은 당시 잘 몰랐던 매장 제작 일이나 다른 범주의 상품들에 대해 공부했습니다. 다양한 지식을 갖게 되었고, 서로 의견을 나누는 분위기도 형성되었습니다. 저희도 많이 변했지요. 2019년 3월에는 마쓰자카야 나고야점에도

KiKi-YOCOCHO를 만들었는데, 그곳에도 삿포로 다이마루점에서의 경험이 많이 반영되었습니다.

노구치(野口)　　　그냥 반영한 정도가 아니라 제대로 현지화되었지요.

시미즈(清水)　　　그렇습니다. 다이마루 마츠자카야는 북쪽으로는 삿포로, 남쪽으로는 후쿠오카에 이르기까지 매장을 보유하고 있는데, 손님들에게 의견을 물어보면 각각의 특색을 알 수 있습니다.

나고야 지역의 여성은 거의 대부분 나고야에 대한 애정이 있습니다. '나고야에서는 무엇이든 살 수 있기 때문에 도쿄나 오사카에 가지 않아도 된다. 자동차도 있고, 생활 수준도 높다'라는 자부심을 갖고 있습니다. 그래서 키워드를 '욕심 많은 여성'이라고 바꿨습니다.

노구치(野口)　　　다이마루 삿포로점에 '스트라이프 골목'이라고 제안했던 것처럼 마쓰자카야 나고야점에는 '승부의 골목'이라고 제안했습니다. 나고야에서 유행했던 웨이브 헤어스타일처럼 나고야 여성에게는 반짝이는 이미지가 있다고 생각해 그처럼 제안했는데 삿포로보다 더 심하게 공격을 받았습니다.

시미즈(清水)　　　'골목'이라는 말로도 비판을 받았네요.(웃음) 나고야에 어울릴 만한 KiKiYOCOCHO에 대해 진지하게 생각해주었지요.

노구치(野口)　　　마쓰자카야 나고야점 오픈 때 각 매장에 작은 책장이 설치된 것을 보고 깜짝 놀랐습니다. 이 책장은 마쓰자카야 나고야점의 직원들이 스스로 만든 것이었지요. 책을 선택할 때도 심사숙고한 것 같아 그들의 정성을 느낄 수 있었습니다. 그것을 보고 '역시 현지인들이 현지화의 주체'라는 사실을 알게 되어 기뻤습니다.

시미즈(清水)　　　KiKiYOCOCHO의 각 매장에서 일하는 직원들은 한 달에 한 번 'KiKi회'라는 모임을 개최합니다. 여기서는 각 매장의 직원들끼리 자신이 추천한 가게나 제품에 대해 발표하면서 친목을 돈독히 하고, KiKi회가 주도해서 이벤트를 개최하기도 합니다.

노구치(野口)　　　다이마루 삿포로점, 마쓰자카야 나고야점 모두 옆 매장과 연결되어 있습니다. 매장끼리 합동해서 홍보용품을 만들기도 하고 옆 매장의 기획을 돕기도 합니다.

최근 다이마루 삿포로점에서 헤어드라이어 브랜드와 헤어 케어 브랜드가 공동으로 이벤트를 개최하는 것을 보고 '제대로 기능하고 있구나!'라는 생각이 들어 기분이 좋았습니다.

시미즈(清水)　　　매장을 만들 때 어려운 점은 '매장을 만드는 것' 자체보다 '그것을 지속시키는 것'이라고 생각합니다. KiKiYOCOCHO를 만든 후 같은 층의 방문객 수가 3.5배 늘었지만, 이 숫자를 유지하는 것은 어려운 일이지요.

시대가 계속 바뀌는 것처럼 여성들의 마음도 바뀝니다. 그에 맞춰 백화점 매장도 변화할 필요가 있습니다. 지금은 직원들이 앞장서서 자신들의 KiKiYOCOCHO를 키우고 있어 바람직한 방향으로 나아가고 있다는 것을 실감할 수 있습니다.

노구치(野口)　　　사실 삿포로 다이마루점 분들께 '재미있는 놀잇감을 받았습니다'라는 말을 들어서 더 기뻤습니다. 이 콘셉트를 계속 유지하고 싶다는 말은 최고의 칭찬이니까요.

매장을 편집하는 시대

노구치(野口)　　저는 고객분들께 종종 "급할수록 돌아가세요", "앞에서 손해보고 뒤에서 얻으세요"라고 말씀드리곤 하는데 사실 실제로 그렇게 할 수 있는 사람은 거의 없는 것 같습니다.

시미즈(淸水)　　노구치 씨는 일을 할 때 자신의 일처럼 생각하고 책임감 있게 조언해주시는데, 막연한 이상에 그치지 않고 그 방법까지 확실하게 보여줍니다. 그래서 지금 다이마루 마츠자카야도 다양한 일에 도전하고 있고, 다른 건의 컨설팅도 부탁드리면서 많은 도움을 받고 있습니다.

노구치(野口)　　잡지 디자인 회사가 매장 콘셉트를 만들 수 있도록 맡겨주셔서 저야말로 시미즈 씨께 감사드립니다. 그 일을 계기로 다른 컨설팅 의뢰를 많이 받게 되었습니다.

시미즈(淸水)　　이제 매장도 편집하는 시대가 되었다고 생각합니다. 대부분의 백화점 층은 카테고리마다 분리되어 있고 이웃한 매장 간에는 보이지 않는 벽이 있습니다. 그러나 KiKiYOCOCHO에서는 카테고리에 상관없이 매장을 자유롭게 배치할 수 있고 매장끼리도 연결이 가능합니다. 노구치 씨께 도움을 받은 덕분에 이처럼 만들 수 있었습니다.

노구치(野口)　　최근에는 다양한 매장에서 다양한 상품을 함께 판매하고 있어 매장들을 연결하는 방법에 대해 생각할 필요가 생겼습니다. 그리고 그 '연결한다'는 행위가 바로 편집이라는 것을 깨달았습니다. 그것이

제 경험과 절묘하게 잘 맞았던 것 같습니다.

지금은 다양한 분야의 융합시대이므로 식품, 잡화 등을 잡다하게 섞어 놓는 것만으로도 매장이 형성됩니다. 그러나 그냥 놔두기만 해서는 안 되고 고객이 알기 쉬운 세계관, 즉 콘셉트가 있어야 합니다. KiKiYOCOCHO의 경우 다이마루 마츠자카야의 직원들이 힘을 합쳐 콘셉트를 만들었기 때문에 유일한 세계관을 만들 수 있었습니다. 그분들께 도움을 받을 수 있어 정말 다행이었습니다.

KiKiYOCOCHO Customer road line

백화점의 본래 목적인 쇼핑을 비롯해 고객의 특성과 니즈를 반영한 '나만의 여행'이 가능하도록
제안했다. 고객이 지나다니는 길의 동선과 머무는 시간까지 고려해서 제안서를 만들었다.

각 블록의 평균 체류 시간
● A씨 ● B씨 ● C씨

동선상의 ○○○는
A씨·B씨·C씨가 즐겨 찾는 곳

20분 최신 메이크업 트렌드는 항상 체크한다!
이제 곧 봄이기도 하고 새로운 색상이
출시됐을 수도 있으니까.

15분 즐겨 쓰는 브랜드가 있지만 지금 나에게
어울리는 것을 찾고 싶다.

10분 테스트해볼 수 있어서 큰 도움이 된다.
여성으로서 예의를 지키자.

브랜드와 상관없이 마음대로 고를 수 있고
얼마든지 테스트해볼 수 있다.

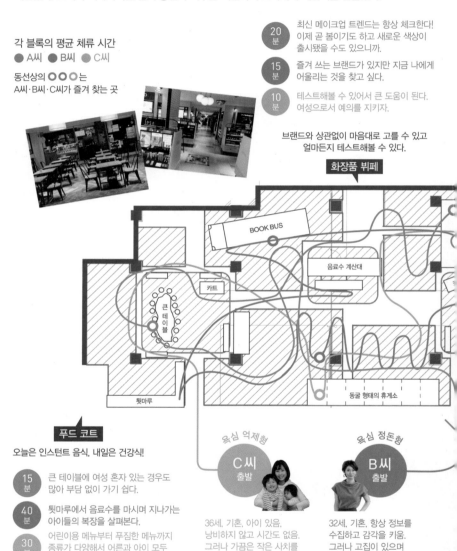

화장품 뷔페

BOOK BUS

음료수 계산대

카트

큰 테이블

동굴 형태의 휴게소

툇마루

푸드 코트

오늘은 인스턴트 음식, 내일은 건강식!

15분 큰 테이블에 여성 혼자 있는 경우도
많아 부담 없이 가기 쉽다.

40분 툇마루에서 음료수를 마시며 지나가는
아이들의 복장을 살펴본다.

30분 어린이용 메뉴부터 푸짐한 메뉴까지
종류가 다양해서 어른과 아이 모두
만족할 수 있다.

욕심 억제형
C씨 출발

욕심 정돈형
B씨 출발

36세, 기혼, 아이 있음.
낭비하지 않고 시간도 없음.
그러나 가끔은 작은 사치를
허용하며 자신에게 상을 줌!

32세, 기혼, 항상 정보를
수집하고 감각을 키움.
그러나 고집이 있으며
라이프 스타일은 양보할 수 없음!

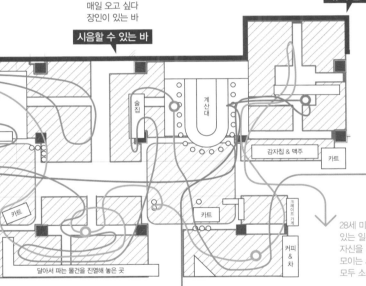

30분 네일숍 언니에게 인사함.
눈썹 상태도 걱정됨. 들어가 보자.

30분 속눈썹 연장과 네일은 한 달에
한 번 하며, 필요한 수정을 한 곳에서
다 할 수 있어 편리하다.

30분 30분 동안 손 관리를 할 수 있어서
시간이 부족한 엄마들이 좋아한다.

30분 동안 자신을 케어한다!

뷰티 관리

40분 최근 시음주에 빠져 있으며
무료 안주도 있어서 가장 마음에 든다.

25분 공부가 되기도 하고 마음에 드는
물건을 바로 살 수 있다는 점도 좋다.

5분 혼자 있는 사람을 보니 부럽다.
조금 더 안정되면 나도 오고 싶다.

매일 오고 싶다
장인이 있는 바

시음할 수 있는 바

술집

계산대

감자칩 & 맥주

카트

크레이프 가게

카트

커피
& 차

카트

달아서 파는 물건을 진열해 놓은 곳

물건을 저울에 달아서 파는 마켓

안주를 조금씩 많이 구매

15분 마른 과일과 견과류 등 종류가
너무 많아 결정하기 어렵다.

5분 올리브오일을 비교하면서
먹다 보니 깊이 빠질 것 같다.

10분 요리를 좋아하는데, 조미료 등을
먹어볼 수 있어서 경제적이다!

욕심 개방형

A씨 출발

28세 미혼, 유행에 민감하고 관심
있는 일은 즉시 행동으로 옮김!
자신을 계발하는 시간, 여성끼리
모이는 시간, 애인과 보내는 시간을
모두 소중하게 생각함!

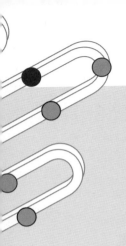

에필로그

이 책을 끝까지 읽어주신 독자분들께 진심으로 감사드립니다. 이 책은 2018년 가을부터 집필하기 시작해서 2019년 봄에 출간하려고 계획했지만 결국 예상했던 시간보다 두 배나 더 걸렸습니다.

제가 디자이너로 일을 시작한 지 30년, 회사를 설립한 지도 벌써 20년이 되었습니다. 그동안 다양한 일을 겪으며 여러 번의 고비를 맞으면서 이 경험을 사회에 환원하고 싶다는 생각을 하게 되었고, 결국 저의 경험과 생각을 책으로 엮어보기로 결정했습니다.

디자인을 인상과 비즈니스에 충분히 활용하기

지금까지 매우 다양한 업종의 기업들과 일을 진행해 왔지만 디자이너의 능력을 제대로 활용하는 기업은 많지 않았습니다. 또한 작업에 대해 이야기하다 보면 디자이너에게 일을 맡기고 싶어도 비용이 많이 들 것 같다거나 상대에게 휘둘릴 것 같다는 선입견을 가진 분도 많았습니다.

처음에는 그러한 불안감을 덜어주고 더 많은 사람들이 디자인을 활용할 수 있도록 하기 위해 '창의적인 업계와 디자이너를 소개하는 책', '디자이너를 잘 활용하기 위한 책'을 목표로 글을 썼는데 진도가 나가지 않았습니다.

책을 쓰면서 창의적인 일을 병행하다 보니 새로운 것을 발견했을 때 큰 성취감을 느낀다는 사실을 새삼 깨닫게 되었습니다. 그리고 과거를 되짚어보면 고객에게 "아이디어 뱅크네요", "재미있는 생각이네요"와 같은 말을 들었을 때 가장 기뻤던 것 같습니다.

기업이 갖고 있는 문제나 업계에 대해 거시적인 이야기를 하는 것은 범위가 너무 넓고 어렵기도 합니다. 그래서 저만이 할 수 있는 이야기를 해보자는 쪽으로 방향을 정했습니다. 처음에는 출판 디자인을 통해 쌓은 아이디어 창출기법을 정리하고 누구나 사용할 수 있게 간단히 매뉴얼화하는 것부터 시작했습니다. 운동도 마찬가지지만 머리로 이해한다고 해서 실제로 그 방법을 잘 활용할 수 있는 것은 아닙니다. 그래서 아이디어 체질을 만드는 방법, 아이디어를 활용하는 습관에 대해 소개하기로 했습니다.

책과 관련된 일을 계속해왔지만 자신의 생각을 정리해서 상대에게 전하는 것이 얼마나 어려운 일인지 다시 한번 실감할 수 있었습니다. 크리에이터가 책을 만들 때는 과거의 작품을 정리하여 디자인 책이라는 형식으로 만드는 것이 일반적입니다. 그러나 저는 단순한 디자인 책이 아니라 비즈니스 상황에서 도움이 되는 책을 만들고 싶었습니다.

저에게 디자인을 가르쳐주신 은사님께서는 "디자인은 무인도에서 살아남는 것과 비슷하다"라고 말씀하셨습니다. 아무것도 없는 무인도에서 직접 불을 피우고 식량을 찾으며 비바람을 막을 장소를 찾는 것처럼 디자인도 살아가기 위해 지혜를 짜내며 생각하는 힘, 즉 '마음의 힘'이라고 일깨워주셨습니다.

하지만 디자인만으로 사회를 개선하는 데는 한계가 있습니다. 사람이 성장하기 위해서는 디자인(아이디어)을 활용할 수 있는 구조를 만들어야 합니다. 그리고 그 구조를 만드는 것이 바로 비즈니스입니다.

이 책은 꿋꿋이 성장하고 있는 기업의 경영진들을 위해 만들어졌습니다. 좋은 아이디어는 사물의 본질을 이해함으로써 창출될 수 있습니다. 그리고 이러한 아이디어의 바탕에는 더 좋은 사회를 만들고 싶다는 생각이 내포되어 있어야 합니다. 이 책을 보시는 경영진 여러분은 눈앞의 이익에 얽매이지 마시고 더 나은 미래를 만들기 위해 디자인을 제대로 활용해주셨으면 좋겠습니다. 그리고 이 책이 디자인을 이해하고 더 나은 미래로 한 발 나아가는 데 조금이라도 도움이 되기를 바랍니다.

제가 학창 시절에 읽었던 『아이디어를 만드는 방법』이라는 책처럼 이 책도 누군가에게 그런 책이 되기를 바라는 마음입니다.

마지막으로 마냥 서툰 저를 포기하지 않고 이끌어주신 닛케이BP사의 마루오 히로시丸尾弘志 씨, 변변찮은 문장을 완성된 문장으로 바꿔주신 콘도 아야네近藤彩音 씨께 감사드립니다. 두 분이 안 계셨다면 이 책은 세상에 나올 수 없었을 것입니다. 또한 인터뷰에서 사진 찍기 힘든 평범한 아저씨를 촬영해주신 카메라맨 YUKO CHIBA 씨,

다양한 기술을 알려주신 일러스트레이터 오카와 히사시大川久志 씨, 3장에서 상상력을 북돋을 수 있도록 멋진 그림을 그려주신 Summer House 씨께도 감사드립니다. 저자가 디자이너이며 상사라는 어려움을 극복하고 이 책을 제작해준 타카하시高橋 씨, 스즈키鈴木 씨, 아라이新井 씨, 사노佐野 씨께도 감사의 말씀을 전합니다.

그리고 지금까지 저를 보살펴준 아트 디렉터 아라이 켄荒井健 씨, 후지모토 야스시藤本やすし 씨, 저와 함께 일해주신 모든 클라이언트 분들까지, 여러분이 안 계셨다면 지금의 저도 없었습니다. 많은 분들께서 도와주신 덕분에 여기까지 올 수 있었다고 생각합니다.

진심으로 감사드립니다.

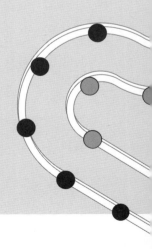

THINK
EDIT

THINK EDIT

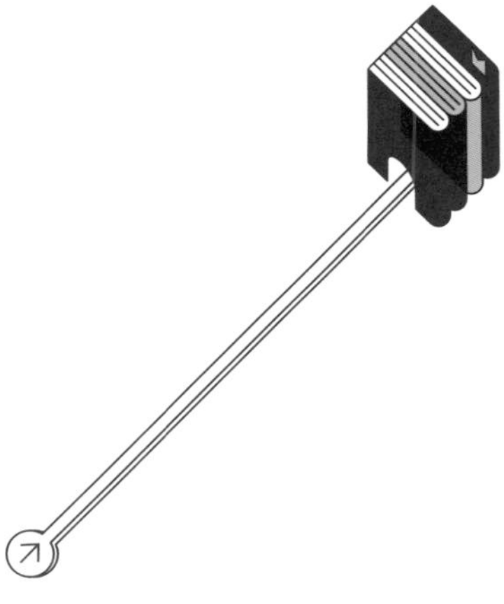

THINK EDIT
싱 크 에 디 트

2021. 9. 10. 1판 1쇄 인쇄
2021. 9. 16. 1판 1쇄 발행

지은이 | 노구치 타카히토
옮긴이 | 김희성
펴낸이 | 이종춘
펴낸곳 | [BM] ㈜도서출판 **성안당**
주소 | 04032 서울시 마포구 양화로 127 첨단빌딩 3층(출판기획 R&D 센터)
      | 10881 경기도 파주시 문발로 112 파주 출판 문화도시(제작 및 물류)
전화 | 02) 3142-0036
      | 031) 950-6300
팩스 | 031) 955-0510
등록 | 1973. 2. 1. 제406-2005-000046호
출판사 홈페이지 | **www.cyber.co.kr**
ISBN | 978-89-315-5756-5 (03320)
정가 | 13,000원

이 책을 만든 사람들
책임 | 최옥현
진행 | 정지현
교정 · 교열 | 김연숙
표지 디자인 | 오지성
본문 디자인 | 임진영
홍보 | 김계향, 유미나, 서세원
국제부 | 이선민, 조혜란, 권수경
마케팅 | 구본철, 차정욱, 나진호, 이동후, 강호묵
마케팅 지원 | 장상범, 박지연
제작 | 김유석

www.cyber.co.kr ★★★
성안당 Web 사이트

이 책의 어느 부분도 저작권자나 [BM] ㈜도서출판 **성안당** 발행인의 승인 문서 없이 일부 또는 전부를 사진 복사나
디스크 복사 및 기타 정보 재생 시스템을 비롯하여 현재 알려지거나 향후 발명될 어떤 전기적, 기계적 또는
다른 수단을 통해 복사하거나 재생하거나 이용할 수 없음.